新媒体时代的网络新闻评论

◎张博 著

湘潭大學出版社
XIANGTAN UNIVERSITY PRESS

图书在版编目（CIP）数据

新媒体时代的网络新闻评论 / 张博著. -- 湘潭 : 湘潭大学出版社, 2023.5
ISBN 978-7-5687-1099-2

Ⅰ. ①新… Ⅱ. ①张… Ⅲ. ①评论性新闻一新闻写作 Ⅳ. ① G212.2

中国国家版本馆 CIP 数据核字 (2023) 第 086572 号

新媒体时代的网络新闻评论

XINMEITI SHIDAI DE WANGLUO XINWEN PINGLUN

张博 著

责任编辑：刘文情
封面设计：张　波
出版发行：湘潭大学出版社
社　　址：湖南省湘潭大学工程训练大楼
电　　话：0731-58298960 0731-58298966（传真）
邮　　编：411105
网　　址：http://press.xtu.edu.cn/
印　　刷：长沙创峰印务有限公司
经　　销：湖南省新华书店
开　　本：710 mm×1000 mm 1/16
印　　张：9.25
字　　数：152 千字
版　　次：2023 年 5 月第 1 版
印　　次：2023 年 5 月第 1 次印刷
书　　号：ISBN 978-7-5687-1099-2
定　　价：50.00 元

前 言

随着科技的发展，互联网的不断革新，新媒体开始迅猛发展，进而形成了一个新媒体时代。网络新闻评论有效的借助互联网，在新闻共享、新闻共论上取得了新的发展、突破和创新。但是，在网络新闻评论日益兴起的过程中也存在着部分不足。

互联网时代媒体的角色与责任正发生深刻的转型，其中之一就是从立足于信息的发布权到立足于信息的解释权，媒体采编人员必须为读者提供真正的洞见与启发，而不再是单纯的就事论事。网络新闻评论要向受众提供真知灼见就必须具备较为广博而专深的知识。网络新闻评论作者比判断力，其实就是比掌握知识的多寡，新闻评论作者的观点不会高出他的知识。注重新闻评论观点的专业性是当前新闻评论发展的趋势也是需要着重加强的。

作为用文字表达思想观念的新闻评论，应该也必然有与它所处的时代语境相适应的语言感觉，这样才能准确地反映这一时代的现实与思想，发挥评说社会的作用，同时也影响人们对社会问题的思维方式与方向。新闻评论是媒体对新闻事实或某种观念发表意见、与受众交流思想的一种新闻体裁，具有极强的时代性。当今时代是一个高科技不断发展的时代，许多科技相关联的新词语不断产生，新闻评论理应走在时代的前沿，及时吸收并且消化新的科技词语。

还需要提及的是，信息时代网络传播的高度发达，千奇百怪的网络语言在网民中流行，其中有些网络语言已被现实社会广泛接受，有的也成为普通百姓的口头语。新闻评论的语言理应吸收群众语言，作为时代流行的网络语言应看成群众语言的一部分。所以，新闻评论语言适当运用一些网络语言不仅能体现语言的现代感，同时也能增强文章的可读性和生动性。

互联网时代信息泛化的趋势不可避免，在这样的一个时代，权威并不体现为压制，而在于最大可能地取信和最大程度地认同。正如哈贝马斯指出过，公众舆论是社会秩序基础上共同公开反思的结果；公众舆论是对社会秩序的自然规律的概括，它没有统治力量，但开明的统治者仍然会遵循它的权威性结论。网络新闻评论若想在信息泛化的时代独树一帜赢得权威地位和受众的青睐，在发扬过去新闻评论的传统优势之外，还要依靠自身的传播优势，要注重对舆论的正确引导，在信息传播过程中担当“意见领袖”。要加强对网络环境的管理，杜绝不健康、非主流的价值观、世界观的传播。

新闻评论是反映人民心声最重要的指标，也是进行舆论引导的着力点，在新媒体时代下，更应该发挥其积极作用，引导公众在不断讨论交流中无限接近新闻事实真相。成为社会公众的“减压阀”，推动新闻评论的质量向高层次转变，引导舆论，推进网络评论向理性的公共话语空间转变，传播正能量。

目　录

第一章　新媒体时代新闻评论概述

第一节　新媒体时代网络新闻评论的兴起与发展

互联网的进步带动着媒体的发展，从 web 1.0 的传统媒体时代发展到 web 2.0 的新媒体时代，再到 web 3.0 以微博为代表的个人媒体时代，每一次互联网技术的革新都使得人们的社会生活发生根本性的变革。如今新媒体成了媒介融合下更进一步的产物，新媒体时代的来临以及媒介技术的进步改变了以往新闻评论的传播方式，催生出了不同于传统媒体新闻评论的新媒体时代网络新闻评论。

一、新媒体时代网络新闻评论兴起

互联网技术的发展是媒介形态发生根本性变革的强大推动力，新媒体的发展离不开互联网技术的进步，因此，互联网是新媒体时代网络新闻评论产生和兴起的载体。可以说互联网催生了新媒体时代的到来，媒介技术的发展和创新也正改变着传统的新闻传播方式，正如尼葛洛庞蒂说，后信息时代的根本特征是“真正的个人化”。如今，新媒体所倡导的“人人即媒体”的理念正逐渐深入人心，使人们更多地接触到“原始”信息，新媒体所体现的平等的观念，以及当前社会生活趋向多元化的大背景都使得新媒体时代网络新闻评论的兴起成为一种必然的趋势，兴起的原因主要有以下几个方面：

信息通信网络的覆盖与媒介技术的发展促进新媒体的言论勃兴。在web 2.0 时代，网络传播成了一种零门槛的传播形式，任何网络用户都能够成为信息的传播者。在技术方面，早期的播客具有零门槛和低成本的优势，正是这种互联网的匿名性和随意性决定了用户发布的信息内容不完全受到各网站的控制，传统媒体对于信息的把关将面临前所未有的挑战。而新媒体是以互联网为媒介的网络媒体，代表类型主要有论坛、推特（Twitter）、Facebook、博客、微博、微信等。互联网科技带来了新媒体应用的便捷，只要有网络覆盖与普及的地方，每个网民都可以作为新媒体用户发布信息，也能够作为新媒体的受众接收信息。新媒体本身是一种面向所有网络用户的交互性分享的媒体，其传播模式应该说是“一切人对一切人的传播”。可以说，任何一次传媒变革都无法像新媒体这样给人们带来“信息狂欢”的感受。网络媒介的革新催生了越来越多的新媒体应用，从 2004 年扎克伯格创立 Facebook 社交网站，2005 年美籍华人陈士骏等人创立 YouTube 视频网站，2006 年杰克·多西创立推特（Twitter），2009 年新浪推出新浪微博，2011 年腾讯公司推出微信，无一不彰显着网络媒介发展之迅速以及互联网技术革新所产生的巨大影响力。

据 2022 年 CNNIC 发布数据得知，微信和抖音以及 QQ 成了 2022 年最受欢迎的社交应用前三位，其中微信和抖音属于新媒体表现形式最广泛的应用。在本书的论述中，还是以微博和微信为研究新媒体时代网络新闻评论最主要的社交平台。截至 2020 年 6 月，微信朋友圈的网民使用率为 85%，微博的网民使用率为 40.4%，体现出网络用户对于社交应用使用的广泛性。

微博、微信兴起后，新媒体发展迅速，媒体的民营化促进了媒体的变革与新媒体时代网络新闻评论的兴起。杨娟在其著作《网络与新媒体评论》中提出，一种传播媒体普及到5000万人，收音机用了38年，电视机用了13年，互联网用了4年，而微博只用了14个月。得益于数字科技的发展，新媒体的新闻评论传播不受空间和时间的限制，在任何的时间以及任何地点，都可以经营自己的个人“媒体”，使得新闻评论能够迅速地传播，大大增强了时效性。张月萍的《微博客对网络新闻评论的影响》一文中首次提到了微博对于新闻评论的两个重大影响，一是话题信息多元化，二是价值取向多元化。而微博平台正是有利于新媒体时代网络新闻评论兴起与发展的传播载体。新媒体时代网络新闻评论内容从制作到发表，其迅速和高效，是电视、报纸等传统媒介所无法达到的。新媒体能够迅速地将新闻评论传播给广大受众，受众也可以即时地对新闻评论的传播效果进行反馈，传播者与受众的距离几乎为零，因此，新媒体强大的交互性也是任何传统媒介望尘莫及的。

受众对于信息获取的需求促进新媒体用户自主生产新闻评论。传统媒体时代，受众和传播者这两个角色之间界限明显，传播者负责传播信息、表达观点，受众则被动接受信息，此时新闻评论是从上到下的单一线性传播方式。郭庆光在其著作中提出传统媒体作为一个具有强大影响力的社会信息系统，受到的控制主要来自两个方面：一是外部制度对传媒机构及其活动的控制和影响，二是传媒机构的内部制度对信息的生产、加工和传播活动的制约，随着网络的发展与普及，传统媒体已经无法充分满足人们对于信息获取的诉求。新媒体崛起后，传播者与受众角色打破边界，改变了传统媒体时代的单一传播方式。新媒体时代，受众占据了新闻评论的主要传播渠道，用户自主生产内容，成为新闻评论的传播主体。

新媒体形式给了人们多样化的获取信息的方式。新媒体的核心是普通公众对信息的自主提供与分享，因此，受众可以通过互联网自己搜索信息并且进行即时交流，不需要再等待传统媒体经过采编和排版精心制作出来的新闻评论内容，他们可以自己就所获取的信息发表新闻评论，这给予了新闻评论传播极大的自由和空间。如今的网络社交时代，人们被电脑和手机占据了几乎大部分的时间，以往需要人们面对面交流的问题，如今大多也可以通过网络社交来解决。新闻评论不再是新闻媒体的专利，不再是新闻人特有的言论，新闻评论在新媒体时代更多的是人们对于新闻事件的意见和观点表达，每个人都可以自由发表看法和评论。

另外，传统媒体的专业新闻工作者利用集团优势以及技术支持，方便他们在世界各地收集信息进行报道。然而，新媒体时代网络新闻评论发表的便捷性和互动性使得现如今许多传统媒体的专业人才纷纷向新媒体转型，导致大量的新媒体意见领袖出现。这种现象一方面是由于传统媒体的内容生产者相对而言未得到合理回报，另一方面则是在新技术环境下，他们在传统媒体机构缺乏施展才能的空间，因此，这一类人才更倾向于新媒体形态的自由环境。

二、新媒体时代网络新闻评论的发展

新媒体时代网络新闻评论的发展建立在新媒体形式发展的基础之上，如今新媒体正是处在网络论坛、博客、微博等点对点进行双向互动的新闻评论传播形式的媒体3.0时代，博客、微博、微信等社交媒体应用在发展的同时也使得新媒体时代网络新闻评论产生了不同的阶段性发展。

新媒体时代网络新闻评论的发展要从博客新闻评论的出现开始。从全球范围来说，目前新媒体的主要形式是博客、播客、BBS、SNS、个人空间等，其中以博客的诞生、发展和成熟最为典型。博客是一种零技术、零成本、零编辑、零形式的最简单的网页生成技术，对于使用它的人做到了“零门槛”，任何人只要注册，就能拥有完全属于自己的免费博客空间。2000年博客悄然进入中国，2003年前后，blog.cn等几家网站的博客已渐成气候，博客写作者在网络上发表的新闻评论走入大众视野。2005年，原先认为博客没有发展前景的国内几家较大门户网站，马上意识到博客业务巨大的潜在价值，随即陆续加入了发展博客的阵营，博客形态从而兴起，一些有影响力的博客言论开始受到关注。博客的主题很多，政治、经济、科学、文化、生活等都包括，比传统媒体的分工细致数倍，这也是博客的新闻评论得以快速发展的原因。正如传统媒体曾经的生存状态一样，绝大多数的博客都是默默无闻，真正能有发行量的博客屈指可数，博客以长篇的新闻评论撰写内容吸引粉丝，由此产生了舆论领袖。我国博客的成功者，以演员徐静蕾为例，她的博客访问量曾长期高居全国博客榜首，基于博客的超大访问量，她创办电子杂志《开啦》，定期出版，从内容到形式，彻底成为一份地地道道的新媒体杂志，取得巨大成功。

美国的推特（Twitter）是世界上最早的微博形式，2009 年新浪借鉴国外经验，杂糅了 Twitter 和美国著名社交网站 Facebook 的特质，推出了中国本土化的“新浪微博”，成为门户网站中第一家提供微博服务的网站，此时我国新媒体时代网络新闻评论的发展还停留在以博客舆论领袖为主的时代。不到两年，新浪微博注册用户超过一亿人，新媒体社交应用达到第一次使用的高峰。女演员姚晨是最早从博客形式转战新浪微博并注册名人公众账号的明星之一，成了第一批新浪微博注册者中粉丝最多的微博客，体现了博客写作者向新浪微博转型的趋势，新媒体时代网络新闻评论的舆论战地因此也同步向新浪微博开始转移。

新浪微博一经推出，作为人际互动工具真正实现了新闻评论的裂变传播。毫无疑问，微博也在某种程度上促进了公民新闻写作的蓬勃发展，每个人都可以利用微博进行现场报道，而那些看到别人发送微博的人，则自然成了消息的传播者，这直接激发了公众参与新闻传播活动的积极性和自信心。2010 年被称为我国的微博元年，在此之前，引领风潮的博客是新媒体时代网络新闻评论最活跃的表现形式，此后新浪微博的崛起使新闻业内认为“真正的新媒体时代开始到来”。到 2011 年，由于手机平台的广泛参与，微博在许多重大突发事件中进一步发挥着传播引领作用。微博具有操作简单、裂变式传播、即时互动交流等功能优势，吸引着名人、博客作者、媒体代表、商业用户和普通用户，这几类人群成为微博的拥户者，微博因此发挥了聚合人气、传播有效信息的作用以及记录日常生活点滴，分享各类信息的作用，同时满足了用户对于特定信息的获取以及发布信息的需求。可以说，互联网和媒介技术的发展催生了新媒体时代的到来，新媒体时代网络新闻评论开始受到大范围的关注。新浪微博作为当下最为活跃的新媒体表现形式，平台特点是用户可以利用电脑、手机等各种可连接网络的终端进行访问，随时随地发布、转发和分享新闻评论信息，由于微博平台发布内容的140个字符限制，导致新媒体时代网络新闻评论在微博平台凸显碎片化的特征。即时性的技术支持让新闻评论更具时效性，也让微博时代的新媒体时代网络新闻评论的互动性更强。

2011年微信出现，随着各地无线网络的逐渐普及，加之智能手机的功能越来越全面，4G网络进一步推行以及相关流量资费的降低调整，这些因素都进一步提高了网络用户的手机使用率，也使得大量新媒体用户群体开始向微信平台进军，新闻评论的舆论场再一次发生了变化。2012年，微信推出公众号平台，新媒体群体向移动端进行了大范围迁移，微信平台出现了一批以评论为专职的微信新媒体，充分发挥微信公众平台的传媒属性，以个人名义开通微信公众号，相当于个人开设了一个媒体，通过优质内容来吸引志趣相投的订阅者，媒体向订阅者推送某一类型信息，新媒体时代网络新闻评论有了新的发展。微信公众号对人们阅读习惯的介入性更强，其个性订阅和精准推送让新媒体的社会舆论影响力更强。2012年至2014年期间，各大门户网站及视频网站布局新媒体，新媒体活跃的媒介平台日益多元，舆论的舞台也越来越广泛，新媒体时代网络新闻评论的利益化写作逐渐萌芽，开启了流量变现之路。值得一提的是，除了公众号的活跃之外，微信朋友圈也是新媒体时代网络新闻评论的表现形式之一，是普通大众的新闻评论渗透社会生活的表现。微信朋友圈的新闻评论主要是熟人之间对于新闻事件的互动，传播范围更小，但对个人的影响力更强，新闻评论的力量也因此更大。

随着网民数量的剧增和互联网的大范围普及，新媒体的新闻评论成了不可忽视的舆论力量，新媒体社交媒介（主要是微博、微信）成了受众首选的获取新闻信息的平台，新媒体时代网络新闻评论越来越受到关注和重视，平民话语权扩大，如今成了网络热点新闻事件的舆论主力。

总结新媒体时代网络新闻评论的发展，大致经历了三个阶段。第一个阶段是以博客为代表形式的阶段，其间新媒体形式产生并兴起，新媒体时代网络新闻评论写作者在博客平台多以长篇的有逻辑性、有内涵的新闻评论吸引粉丝，产生出有影响力的博客主，也就是早期的新媒体舆论领袖。第二阶段是以微博为代表形式的阶段，其间互联网迅速普及，媒介技术也加快发展，网民剧增，社交应用设备使用率大幅度提高。囿于一些平台的字数限制，因此微博新媒体时代网络新闻评论体现碎片化的特征，在即时性的互动上有所加强，彰显了时效性的优势。第三阶段是以微信为主要表现形式的阶段，最典型的是微信个人公众号功能的推出，开启了新媒体时代网络新闻评论个性订阅和精准推送功能，一方面促进了受众更加关注和使用微信公众号新媒体，同时微信公众号突破了新媒体发布信息的字数限制的约束，增加了多样化的新闻评论文章排版形式，更加突显新媒体时代网络新闻评论的个性化。

对于新媒体时代网络新闻评论未来的发展，笔者认为需要改善的地方是把握新媒体时代网络新闻评论的优势，才能更好地把握良好发展的机遇。从新媒体领域的发展进行分析，新媒体时代网络新闻评论传播的优势在于用户定位精准、覆盖领域广，内容多为原创，个性化意识强烈，渠道成本低、门槛低，群体的社群效应大、容易使用户产生共鸣，并且新媒体传播视角广泛、传播途径多样。媒介技术的发展让新媒体时代网络新闻评论的发展平台日益多元化（像直播、VR 技术等），为新媒体时代网络新闻评论的良好传播提供了更多的渠道和可能。

从博客到微博，再到微信平台的发展过程中，新媒体时代网络新闻评论呈现出“去中心”化、平民化、个人化、移动化的发展趋势，由于媒介技术强有力的支持，新媒体时代网络新闻评论在内容上体现出立场大众化、表达情绪化、风向娱乐化和“趣味”圈子化的特征。

第二节　新媒体时代网络新闻评论的内容特征

新媒体时代，主流媒体话语权下放，个人媒体兴起，民间越来越多不同的声音从四处涌向网络。互联网给了人们发表言论的空间，网络技术给了受众发表新闻评论的便捷。媒介技术的先进性让人们有了更多发表新闻评论的方式，促进了人们表达自我的欲望，以及对于新闻事件陈述观点的需求，评论并不是新闻人特有的，它是人们的一种意见表达，人人都有，是公民的一种媒介传播素质。人们在这个信息多元化的网络社会不再单一接受主流媒体的观点和声音，不再只是单纯而被动地接受信息，而是可以从丰富多样的信息和资讯当中，对新闻事件作出自主思考，吸纳多元化的信息，加以整合和判断，从而提出自己的观点。

新闻评论是一种传播者意愿的直接表达，或代表传媒单位，或是代表传者个人，他的所文所言，都是一种有形意见的表达：反对什么、批评什么、赞成什么、表扬什么，都是主观反映于客观的一种直接的、真实的思想表白。新媒体时代让平民观点受到了前所未有的关注，新媒体用户主要从社会个人视角发表新闻评论，个人观点难免会带有主观情绪和情感色彩，从而使得新媒体时代网络新闻评论呈现情绪化表达，并且因大众化的立场而受到群众广泛欢迎。社交媒体时代的圈群化特征催生了新媒体时代网络新闻评论圈子化的交流和互动，现阶段娱乐化潮流的兴起也让新媒体更加关注娱乐类话题，其新闻评论也难免会侧重这一方面。在本章文本分析中，笔者主要结合案例来比较和分析新媒体时代网络新闻评论内容在现阶段较为显著的特征以及与主流媒体新闻评论的相同点与不同点。

一、“趣味”圈子化

圈子化指的是不同阶层的人们源于共同的兴趣爱好和品行聚合而成的群体小圈子，新媒体时代网络新闻评论的圈子化就是一种基于身份认同，以兴趣爱好和价值观为核心的新闻评论圈子，符合圈子化群体的传播机制。同类人会因为兴趣、性格相同而物以类聚，同一社群内的成员会因为内部社会网较密而互有连带。以微博为例，一个有影响力的新媒体公众号会存在以某一类兴趣、爱好、观念或者共同的信息需求所形成的“趣味”圈子化，圈子内成员发表的新闻评论在扩散的同时，也会遵循相对封闭和单一的圈子化路径。

圈子化的理论最早要见于西方的城市社区研究，在 20 世纪 70 年代，美国社会学家费舍尔提出“社区解放论”的概念，他在《城市性的亚文化理论》一文中提出，在现代城市中，城市居民更有可能超出邻里范围和地域局限，建立更广泛的人际关系，通过社会关系形成一个个“小圈子”，而在其著作《社会网络与场所：城市环境的社会关系》中，费舍尔又进一步阐述了社会网络在城市居民生活中的作用，指出居住在非邻近地域的居民，通过特定关系（如共同兴趣或爱好、共同价值观等）组成一个群体，从而形成自己的社会网络。这是比较早的关于圈子化的相关概念，对这种社会关系给出了理论上的界定。

新媒体时代网络新闻评论的“趣味”圈子化是以讨论的话题为核心，以群组为主要形式的传播方式，呈现相对封闭的圈子化路径。新媒体意见领袖的新闻评论传播呈现的状态是一对多的传播特征，圈子化的体现则在于以意见领袖为核心形成的话题讨论圈子，其趣味性就在于圈子内的话题讨论因传播的核心主体，也就是新媒体意见领袖的偏向，而形成相似的评论观点。

互联网技术的发展促进了网络用户数量的迅速增长，也促进了更加个性化和趣味性圈子群体的产生。以新浪微博为例，不同文化背景的新媒体意见领袖的粉丝，可以被认为是该新媒体意见领袖涵盖的圈子群体成员。随着互联网用户的激增，人们的兴趣爱好广泛、多元，很难统一，所谓“物以类聚，人以群分”，网络用户对于新闻评论的偏向由于兴趣爱好和价值观等多方面的差异表现出圈子化的特点。因此，不同的新媒体因为圈子的特性导致其新闻评论具有“圈子化”的特征。

新媒体时代网络新闻评论“圈子化”的表现在于，由于新媒体圈子属性、文化背景和研究方向等方面的差异性，导致参与新闻评论的成员在面对同一新闻事件的立场、看法都各有不同，因此新闻评论也由于这种差异性而分裂成数个话题圈。受众寻求专业领域的信息，更倾向于阅读专业媒体，在细分的成熟市场，媒体注定是适度和圈子化的。麦克卢汉强调了媒介技术在信息传播过程中的重要作用，移动互联网的革新使得人们的交流和互动不再受到时间与空间的限制，科技让人们重归“部落化”的状态。圈子的特性在于圈子内的成员具有一定的共性（包括共同语言和观点等），新媒体的社交圈一般是由共同的兴趣爱好、品性特征所组成的，因此新媒体都有着各自不同的交流和互动的圈子。新媒体时代网络新闻评论的圈子化有着分裂与聚合的表现，一方面，用户会主动向价值观以及兴趣爱好相近的人靠拢；另一方面，小型的专业化社交媒体为用户交流提供了平台基础，体现圈子的聚合性。由于圈子与圈子之间存在的文化差异，导致不同的圈子之间沟通越来越少，差异逐渐扩大，而圈子内部的私密度则增强，更具凝聚力，用户被分流。但并不意味着新媒体用户退出圈子化，而是在参与大型社交活动的过程中，用户可能更愿意在小圈子里谈论专业化内容，体现了圈子的分裂性。

新媒体时代网络新闻评论内容“圈子化”的原因归根结底有以下几个方面：首先，互联网技术的发展促进了“圈子化”群体的聚合，因此，不同群体的信息传播内容呈现出圈子化的趋势；其次，社交媒体新闻话题榜和热搜榜单等数据证明新闻评论“圈子化”市场具有可行性且逐渐成为信息传播的主流；最后，媒介形态变革影响了人们的观念，包容了不同“圈子化”的个性，用户成为内容的生产者，因此用户能够依据自身喜好发布信息内容来进行传播。

圈子化的影响在于开启了新闻评论话题讨论的另一种网络交流的方式。用户群体化、信息内容专业化、信息到达率高效化、社交人脉有限化等，都是圈子化不同于大众化的特点，而这也正是在网络用户中以年轻群体为传播主体的原因。圈子化的形成是对网络大范围社交化的突破，在这个社交网络中的群体倾向于追求专业化、小众化的新闻评论价值观。他们不满足于甚至开始疲于在大型社交网络中对各类朋友表达信息，转而更渴求与志同道合的人进行深度沟通和分享，这正是社交网络小众化、圈子化为新媒体时代网络新闻评论所提供的便利。

二、立场大众化

由于大多数新媒体用户本身就是从平民大众的立场出发，因此本节重点从新媒体微信公众号的角度来分析新媒体时代网络新闻评论立场大众化的特征。新闻报道有不同的立场和视角，新闻评论也不例外，新闻评论的立场是评论的主体以何种视角去看待新闻事件，进行分析和判断。相对于主流媒体来说，新媒体发表的新闻评论多数站在大众的立场。因为新媒体用户以草根平民为主，代表着个人，因此在对于新闻事件进行评论时，主要从自身公民视角出发，关注切身相关的社会公众利益。

美国著名的硅谷 IT 专栏作家丹·吉尔默给自己的专著《新媒体》起的副标题是“草根新闻，源于大众，为了大众”，道出了新媒体最根本的特点——大众化。新媒体是来自民间的独立媒体，常被称为“草根媒体”，其创办者多未受过专业新闻写作训练，倾向于从通俗易懂的角度去发表新闻评论，新媒体传播的受众是广大网民。随着新闻评论的不断改革与创新，受众在媒介技术的发展背景下增强了自身新闻主体意识，越来越多的评论文章开始从人民群众中选择议题，以公民视角出发，抒发民情民意。为了适应普通民众的需求，新媒体时代网络新闻评论内容大多呈现出大众化立场。许多新媒体时代网络新闻评论在内容上也尤其凸显短小精悍、通俗幽默的特征，比较符合大众阅读习惯。

主流媒体与新媒体媒介本身性质的差异使得双方对于新闻事件的评论立场有所不同，新媒体从公民立场出发，有助于替社会大众发出更多的声音，有利于代表公众社会利益和个人观点对社会问题提出建议。而官方媒体政治意识形态较强，在互联网言论自由的环境中受到一定的约束性，因此官方主流媒体无法满足现如今的受众群体对于新闻评论更多元化的需求，这无疑留给了新媒体时代网络新闻评论更多发展和生存的空间。网络环境的言论自由是促进新媒体时代网络新闻评论立场平民化的重要条件，因为网络的发展给每个人提供了发表言论的自由空间和环境，互联网能够容纳多元化新闻评论观点，并且最新的网络技术为新媒体时代网络新闻评论的传播提供了更加便捷的方式和渠道。因此，新媒体时代网络新闻评论以平民化立场为主，更加促进了新媒体时代网络新闻评论受到越来越多关注平民思想的网络用户欢迎，同时也弥补了官方媒体所无法充分满足的新闻评论现实需求。

三、表达情绪化

从新闻评论表达的情感基调来看，主流媒体与新媒体的新闻评论存在重视导向与偏向感性的区分。首先从主流媒体的新闻评论表达来看，“人民日报评论”遵守官方媒体严格的新闻发布原则，作为官方主流媒体，专业性强，信息面广，代表着国家与政府的立场，遵循政府和组织对于意识形态导向的要求，肩负意识形态机器的使命，因此，“人民日报评论”的新闻评论文章的情感基调定位于理性和导向性。而新媒体在看待新闻事件时，大多数作为非专业新闻评论写作者，则主要从公民自身的利益出发，加之多数新媒体账号为个人创办，因此新媒体时代网络新闻评论在表达上（包括用词、标题等），普遍带有个人情感色彩而较有感染力，容易引发读者共鸣。

对于新媒体时代网络新闻评论表达情绪化的原因，笔者认为，有以下几个因素：第一，新媒体在发表新闻评论的过程中，是理性与感性普遍存在的。但是在面对一些不公平的社会现象时，作为社会的个体，难免会有“不平则鸣”的心态，通过自身对新闻事件的判断，将新媒体时代网络新闻评论作为对社会不公现象进行宣泄的表达出口，从而导致情绪化表达；第二，由于新媒体是社会个人所创办的媒体形式，因此在发表新闻评论时不像专业媒体受到诸多约束，新媒体较为自由，不受专业新闻评论的规制，从而更加偏向于感性的个人表达；第三，情绪化表达更有利于新媒体与受众进行良好互动，产生情感和观点上的共鸣，情绪化也是符合人们日常的人际交流习惯的表达方式。因此，新媒体时代网络新闻评论在内容表达上具有情绪化的特征及表现。

四、风向娱乐化

从粉丝影响力和大众偏向来说，由于微博和微信新媒体公众号作为意见领袖，其身份决定了他们对于自身新闻评论的内容必须具备一定责任感，因此本节对于新媒体时代网络新闻评论娱乐化的研究主要针对普通大众的微博新媒体账号以及微信朋友圈来进行。

泛娱乐化的大众传播影响下，新媒体时代网络新闻评论也受到大众传播影响，凸显娱乐化风向。从新媒体时代网络新闻评论的内容表征来看，多偏向于对“软”新闻的评论和关注，新闻评论中有关娱乐因素的内容较多，且评论的题材选择多以名人明星的趣事、日常生活、八卦等作为评论的主体，竭力于从中挖掘趣味性和娱乐性的内容来提升受众的关注度，吸引他们参与话题讨论。

在笔者看来，新媒体时代网络新闻评论具有娱乐化风向的原因，一方面在于受众，也就是新媒体时代网络新闻评论的读者对于娱乐化信息的选择偏重。首先，受众选择新闻信息的目的在于解压、抒发情绪、解忧消愁等，因此娱乐化的新闻评论更有利于缓解受众的紧张情绪与生活压力。尼尔·波兹曼在其著作《娱乐至死》中认为“一切的公众话语都日渐以娱乐的方式出现，并成为一种文化精神”，在接收信息的同时，受众能够从中获得身体与心理两方面的放松。其次，新闻评论的娱乐化离不开受众参与，媒介技术的发展让人们可以通过视觉、听觉等全方位、立体化地感受到新闻事件的现场感，让受众从心理上接近新闻，通过新媒体形式参与新闻评论。另一方面在于新媒体本身，现如今新媒体已经不仅是作为个人发表言论的媒介形式，也有许多具有一定影响力的新媒体舆论领袖以个人媒体形式从事媒介竞争。因此，媒介竞争的市场环境需求也是导致新媒体时代网络新闻评论娱乐化的原因。

第三节 新媒体时代网络新闻评论的表现形式

由于使用者众多，加上新媒体千人千面的特性，新媒体时代网络新闻评论因此也有着不同的表现形式。如今网络新媒体越发受到关注，在人人都有麦克风的新媒体时代，“去中心化”、平民化和移动化趋势越来越明显，新媒体用户千人千态，各方面的差异性都使得新闻评论具有个性化表现，媒介技术的发展使得新媒体时代网络新闻评论以融媒体化的多种手段呈现。因此，新媒体时代网络新闻评论呈现文体“非专业化”、语言个性化和呈现融媒体化的表现形式。

一、文体“非专业化”

新媒体媒介形态不仅仅是互联网科技快速发展下的最新产物，其中交杂着各类社会关系网，也是越来越多的网民群体传播信息和共享资源的社会交际网络平台。自 2009 年新浪推出中国本土化的微博（也就是新浪微博）之后，新媒体群体在微博平台悄然兴起。2023 年新浪微博发布的 2022 年第四季度财报数据显示，平台月活跃用户总量达到了 5. 86 亿。

从用户增长数量和增加速度来看，说微博是当今最热门、最受欢迎以及最全面的新媒体表现形态一点也不为过。新媒体时代的一大特点是由用户主要生产新闻信息，包括新闻评论，微博作为重量级新媒体信息发布平台，拥有庞大的用户数量和海量舆论信息，由于平台 140 字的文字数量限制让网友在微博上发布的信息都有着简短的特点，在传播内容上总体处于一种碎片式，打破了常规新闻评论的原则。微博平台体现了互联网媒介从全媒体向个人媒体发展的过程，不管是形式还是内容上，各方面功能体验都在朝着个人化、移动化以及自我化发展。

如今，个人媒体成了信息生产的主力军，这一类传播者非专业化和大众化的写作突破了传统新闻评论写作的原则与规范，新闻评论文体由此凸显“非专业化”的表现形式。新媒体时代网络新闻评论来源于不同个体在社会现实生活中所遇到的方方面面的现象与问题，以现实社会为基础，反映人们对于各类社会问题的心态，因此，以个人媒体为来源的新闻及评论具有不同的传播内容、传播特征、表达方式和不同的形式表现。

移动互联网时代改变了人们的生活，微博和微信社交应用引领的“微”时代改变了人们对于信息的接收习惯和生活方式，网络中信息快速更新，即时性的交流互动加快了人们快餐式的阅读方式。不管是微博还是微信朋友圈，公民的新闻评论都属于非专业性的参与式新闻评论，但是这类新闻评论却在网络传播环境中受到广泛欢迎。由于非专业化新闻评论的写作强调参与性而非专业性，因此，相对主流媒体的专业性、组织性、引导性规则而言，更加鲜活并且更加贴合群众接收信息的习惯。

新媒体时代网络新闻评论的写作主体主要是社会的个体，基于自己个人的知识经历以及看法对新闻事件发表评论，他们不以新闻评论为专业写作，而是以感性言论为主抒发个人观点。一些新媒体写作者不写专业的新闻评论，而是直接就新闻事件用简单的几句话发表看法而不构成完整的写作文体，他们的主要目的是从个人感受及知识结构出发对某一新闻事件发表看法。因此，这种感性的抒发使得新媒体时代网络新闻评论的文体呈现“非专业化”特点。“非专业化”的新闻评论大致可以有三种文体类型，包括只“议”不“述”、只“述”不“议”和残章断句。由于出现了很多关于校园欺凌的新闻事件，因此，笔者以“校园欺凌”为关键词在微信平台进行了与微信新媒体公众号相关的评论文章搜索，对其中60篇新媒体时代网络新闻评论写作进行了分析，统计数据结果如下：

表 1－1 新媒体时代网络新闻评论“非专业化”文体类型数据统计表

单位：（篇）

类型	数量	占比
只“议”不“述”类型	36	60%
只“述”不“议”类型	20	33%
残章断句	4	7%

第一种，只“议”不“述”类型，不以完整的文体写作为目的，直抒观点和看法，只议论不表述（主要为微博和朋友圈）。在本书选取的 60 篇新媒体时代网络新闻评论文章中，有 36 篇属于只“议”不“述”的类型，也就是只单纯地议论，不对新闻事件进行表述，这种新闻评论类型的优势在于能够第一时间将自身观点传递给受众，不过这样的写作类型不利于受众在阅读新媒体的评论文章时充分掌握新闻事件的来龙去脉，梳理完整的新闻事件，受众仅仅能够获得新媒体对新闻事件的评论，却无法全面了解到新闻事件始末。

第二种，只“述”不“议”类型，这类指的是只叙述新闻事件，不发表看法的新闻评论。在笔者统计的 60 篇样本中有 20 篇属于这个类型，占样本总数的 33%，这一类型的新闻评论文章大多是转载，很少原创，不符合完整的新闻评论写作的要求。仅仅增加了受众对于新闻事件的了解程度，却没有发表作者自身的观点可供读者参考和交流，因此不利于传播者和受众进行互动。

第三种，残章断句，没有完整文体。60 篇样本中有 4 篇属于这一类型，占样本总数的 7%，据笔者所参考的评论文章来说，第三种类型的文章写作率不低，这种类型的文章往往信息不够完整，不构成规范的评论文章写作结构，逻辑较为自由和随意，不利于受众全面和完整地了解新闻事件，同时也不利于受众与评论文章写作者进行交流。

就一般的专业媒体新闻评论来说，评论文章倾向于论述局部性的重要事件和问题，往往比公众评论（主要是微博大众新媒体与微信公众号文章下面的评论以及朋友圈的评论）要广泛且更加具体，文字表达庄重、通俗，导向正确且精心写作。新媒体时代网络新闻评论除了部分具有专业性知识背景的意见领袖之外，多数都是以个人观点，运用平易近人或个人化风格明显的写作方式来写作新闻评论。

新媒体写作者来源于群众，因此对于群众观点把握较全面，部分大众新媒体由于知识面不够广泛，加上未受过专业新闻评论写作训练而大多不具备新闻评论写作的专业规范。尽管这类新闻评论不够专业，但这种平民的甚至是不加修饰的新闻写作方式更富有人情味，也更加具有人文关怀的精神……更能得到广大民众的认可和接受。新媒体时代网络新闻评论"非专业化"写作的意义在于新媒体"非专业化"的新闻评论给媒体新闻评论的生产与传播带来了更多的活力和生气，原汁原味地展现了不同思想的碰撞和新闻评论意见的交锋。

二、语言个性化

信息时代已经不缺少获取信息的渠道和方式了，因此，内容为主的趋势逐渐占据新闻评论传播主流。新闻评论内容要能够吸引用户并且原创的难度比较大，而转载比原创更快、更轻松，导致主流新闻报道同质化普遍，相比专业媒体而言，人们越来越倾向于关注意见多元的新媒体时代网络新闻评论。新媒体时代，每个人都在选择不同的角度去看待新闻事件，每个人都在制订着自己对于新闻事件对与错的判断和标准，制订自我对于正确和错误、好与坏的界限。正如赵振宇所言，新闻评论要有作者深入独到的见解和观点。当下新闻评论之所以越来越受到媒体和大众的重视，就在于评论不仅要有敏锐的观察力和对事物的理解力，更要求评论能有独家的或有新意的见解。这个时代已经不再是传统舆论领袖所主宰的时代，不再具有以往信息表达的传统特质，新媒体时代人人都有发言权，也正因如此，个性化的新闻评论表达更加成了目前受众的现实需求，再加上信息化使得人们的生活节奏加快，就有了更多对信息传播形式的要求，一切信息的表现形式都在朝着个人化和个性化发展。

新媒体和专业媒体不同，他们不受新闻专业性的限制，大多不规范，想什么说什么，不需要设定专题，也不需要经过编辑把关再进行修改。另外，新媒体数量庞大，观点多元，微博和微信等便捷、简易的传播平台也给新媒体时代网络新闻评论提供了信息发布上的技术支持，有助于新媒体能够充分、生动地展现他们不同的意见观点。

在微信发布的《微信生活白皮书》中，官方突出强调了这样一点："60%的微信用户是年轻人（15岁至29岁）"。随着更多年轻用户群体的加入，他们也需要在这里找到好玩、好看、可以相互分享的有意思且有意义的内容，因此，个性化的新闻评论写作不仅仅是新媒体信息生产的大势所趋，同时也是受众的现实需求。不论是微博、微信还是其他新媒体平台，不管是运用图片、文字、表情、语音还是视频，身处信息高速化时代的新媒体人都在勤于使用不一样的新闻评论表达语言、表达方式，寻找最新鲜的角度和形式，以求彰显自身观点的个性。

新媒体个性化的新闻评论语言满足了受众对于信息多元化的需求，以独具特色的语言强化了新闻评论的魅力及影响力，并且使受众在参与新闻评论的过程中能够获得自身的价值认同感，同时也给了公众更多思考的视角。网络新闻评论表现形式的灵活性与多元性，多渠道的发布平台，以及源源不断出现的大量新媒体人，都在促使着新闻评论的内容向着品牌化、个性化的趋势发展。

三、呈现多样化

近几年，媒介融合与报网互动成了新闻业内常常讨论的热点。然而，传统媒体在媒体融合方面取得成功者寥寥无几，更多只是单纯地将报纸上的内容搬到网上，而非遵循互联网传播规律生产适合网络传播的内容，并与用户进行有效的互动交流与共同生产。媒体融合的主要工具就是建设和运营网站、社交软件、微博、微信等，如今的时代是一个数字化的“读图时代”，新媒体时代网络新闻评论传播的方式不再局限于文字、图片，往往会将新闻评论以多媒体融合的形式呈现。不论是微博新媒体还是微信新媒体、朋友圈中分享的文章，都不难看到许多使用图片、GIF 动图、视频、Flash，甚至自制表情包来讲故事、说道理。使用丰富多样的表现形式，比如利用图片和视频来增强新闻评论的可看性成了传统媒体和新媒体内容创新的必备功力。

新媒体时代网络新闻评论的表现形式，按信息内容传播的不同方式可以分为语音、图片、视频、漫画、文字等，这些都是在网络传播中比较常见的新闻评论表现形式，也是新媒体在各类网络社交平台中所广泛运用的方式。以语音发布评论信息的新媒体微信公众号有“罗辑思维”，以发布图片为主的有“回忆专用小马甲”，以文字为主、图片为辅的有“老徐时评”，以犀利文风著称的有“吐槽青年：曹林的时政观察”，以漫画评论为主的有“暴走漫画”，以视频为主发布奇闻逸事的有“第一视频”等。这些多元化的传播形式因其具有直观、轻松、有趣、深刻等特点，比较迎合现代读者的阅读习惯，从而能够使新闻评论通过融媒体化的形式更容易被读者所接受。

第二章　新媒体时代新闻评论形态演进

第一节　新闻评论形态类别的生成与演变

一、新闻评论形态类别的生成及其影响因素

（一）新闻评论形态类别的生成

新闻评论是人类进行意见表达的重要渠道，随着时代的变化发展，新闻评论形态不断成熟，逐渐被产品化，形成了具有区别意义的各类形态类别。

新闻评论形态类别的生成与人类需求、媒介平台和社会文化因素的影响密切相关。人类需求是新闻评论形态的生成动力，新闻评论为满足人的意见表达需求而不断生成意见内容，在发展的过程中意见内容又被不断地细分为各个类型，表现为一定的形态，形成不同的形态类别，以适应不同

人群、不同交流场合的需求。新闻评论形态由此实现产品化的生产，产品化实际上就是形态类别的定性。

而新媒体技术的发展，拓展了新闻评论的表达渠道，改变了意见主体间的关系，促使意见交互方式与结构发生变化，在形式上不断创生出新形态，为满足人类日益增长的需求提供了条件支持。人的意见表达与交流，从内容发生到形式完善的过程，都受制于平台技术的限制和影响。媒介技术和平台的发展，控制了时空的分离，从纸媒到新媒体，意见主体从单独的信息交流空间中分离出来，不断走向更加人际化的公共领域，意见内容被改变，形态相应地发生变化，实现发展。

同时，社会文化结构对新闻评论形态的区分和继承也发挥着重要的影响。在发展、前进的社会文化状态中，人的需求不断被开发，人在社会生活中的观念思想反映为不同的新闻评论形态，新闻评论内容的分类和形态的定型成了必然的情形。社会文化的继承性也决定了新闻评论形态的生成演变也具有一定的继承性，譬如中国早期新闻评论的政论文体，就是对中国古代社会的论说文体的继承与改造。

在人类意识、观念的建构过程中，内容的提炼总是与形式的选择相结合。内容可被视为形式的血肉，形式则是内容的骨骼，用以承载内容。形式始终是为呈现、表现内容而存在的，本身缺乏绝对独立的价值，内容决定着形式。在意见市场中，任何意见信息产品一旦能够适应人的需求，便于展开交流时都将趋于被定型。几类较为成熟的新闻评论表达形态，基本是根据内容的性质划分了形态。作为意见产品，在内容上有不同类别，不同类别的内容相应地会伴有不同的形态，以形式来适应表达的内容，适应人的需求。意见内容的细分是无限的，但形态类别大体是稳定的。新闻评论的形态生成从内容的类别化逐步转变为形式的形态化，都受到了人类需求、媒介平台和社会文化的影响，对其影响因素进行探究，有助于理解和把握新闻评论形态生成与演进的发展规律。

（二）新闻评论形态类别生成演变的影响因素

1. 人类的一般需求

人的需求是社会发展的重要动力，1943 年，美国著名的社会心理学家马斯洛提出，人的需求从低到高，可以依次划分为生理、安全、社交、尊重以及自我实现的五类需求。马斯洛从人本主义出发，提出人的需要基于基本需求实现层级性的变化、上升，低层次的需求是基本需求，如生理需求，低层次需求之上相应地发展出高层次需求。

马克思则从唯物主义出发，指出人处于社会关系之中，人的需要与社会实践活动紧密结合，应注重与环境、历史的联动，从整体上展开研究。他曾在《〈黑格尔法哲学批判〉导言》等书中，对此进行了深入分析。他认为，需要是人的本性，与社会实践活动共同发展，人的需要推动了社会生产力的进步，社会生产力的进步则促使人类新需要的生成。人的需要基于社会生产力而发展，同时也受其制约。

后来的学者基于此，将马克思的需要论划分为自然、社会、精神三个层面的需要，分别代表着人在不同关系、状态中对应的不同需求，即生存、享受以及发展需要。作为自然动物，人有着基本的生存需要；作为社会动物，人处于不同的、变动着的社会关系中，有着适应社会生活的需要；作为精神动物，人需要不断地丰富、充实精神生活。可见，在这三种不同的状态下，知晓信息、获得知识、娱乐休闲、表达情感、抒发审美等都构成了以信息交往为核心的人类一般需求。信息交往需求是一切需求实现的前提与保障，它既是人类精神运动的要求，也是人类社会形成的条件，具有永恒性。

信息交往需求的核心是意见表达，意见表达能够协调关系，统一意志，促进沟通交流。人类的一般需求根植于意见传达，根植于人的意识形态，是一种意见传播的合力，也是意识发展的内在动力。为满足不同群体的不同表达诉求，人类社会在历史发展进程中不断地寻求基本的形态样式以承载意见和观点。为适应社会发展的脚步，人的需求不断地被形态化，形成了满足不同时代、不同群体的各类新闻评论的形态类别。以种种形式为意见表达提供输出路径。

早在先秦、春秋时期，为辅佐帝王，加强王权统治，我国就已经出现了公开的言论表达形态，即古代论说文。清朝末年，在华传教士为服务西方资本主义列强侵略中国，创办了中国近代的早期报刊以加强舆论准备，早期报刊评论形态出现。在客观上，传教士报刊宣传了西方社会的先进技术、思想、文化，加快了中国社会的近代化进程，对长期被封建社会束缚的中国人具有深刻的启蒙作用。

1874 年，王韬创办《循环日报》，呼吁效仿西方，变法图强，被认为是我国历史上第一份政论报刊。19 世纪末，资产阶级维新派发动社会变革运动，积极创办报刊宣传变法维新主张，影响社会舆论。有着“言论界之骄子”美称的梁启超以报刊为阵地，为启迪民智，促进变法，广发言论，创制出早期新闻评论样态——“时务文体”，“平易畅达，时杂以俚语、韵语及外国语法……条理明晰，笔锋常带感情”。为促进新思想的传播，满足更广泛群体的信息交流需求，新闻评论的形态类别也逐渐由中国传统文学长篇、规范式的文体转变为篇幅较短、通俗易懂的形式。到狄楚青的《时报》出现时，短小精悍的“时评”成为“新闻评论独立体裁的重要标志”。维新变法失败后，中国的有识之士纷纷行动起来，集会、结社、办报，呼吁革命，以李大钊、毛泽东为代表的革命家，积极撰写评论，以期借此影响新青年，推翻旧制度，建立新社会。《新青年》《每周评论》等报纸杂志，将政治观点与社会现实相结合，积极进行舆论宣传。《新青年》的“随感录”，立论具有较强的现实性和战斗力，在鲁迅等诸多作家的倡导下，成为杂文评论的阵地。

新中国成立后，为宣传党和政府的工作，更好地指导全局，服务人民，引导舆论，新闻评论样态逐渐趋于统一、稳定，内容更为通俗易懂。随着国家经济、政治、文化、技术的发展，人的需求从传播获取信息，进行基本的意见表达转变为提升信息传播的效率，扩大信息交往的范围容量，延长意见表达的时效性等，新媒体时代网络新闻评论样态不断出现，功能类型更为多样、丰富，话语权也逐渐过渡到受众手中。

新闻评论的形态类别划分，与人的信息需求密切相关，具有跨媒介、跨平台的稳定性。新闻评论的形态类别，形成于人们长期写作、实践的探索中，人的基本诉求铸就了评论产品的样态。譬如，人要以情调欣赏生活，以音律的方式表达感情，在集中的范围内看到冲突与矛盾，散文、诗歌、小说、戏剧由此产生。在长期的文学生产中，针对人的需求进行专业化生产，是社会文化发展的必然结果，也是各种需求与文体相互碰撞后进行批判的结果。

人的需求是影响新闻评论形态类别变化的基本要素，也是新闻评论形态类别构建的内在动力。由于人的偏好、需求不受外在形式的限制，因而对新闻评论样态的类型性划分具有根本意义。

2. 媒介平台

1964 年，麦克卢汉提出“媒介是人的延伸”这一伟大论断，从生物进化角度指出，媒介是人的感官为满足感知世界的需求而生成的产物，并为满足不断增长的需求而不断进化。在人类理性的指导推动下，媒介平台被不断创设，用以建构新闻评论进行意见表达的基本空间维度，对新闻评论形态类别的划分具有明显的规定性。

早期人类只能通过口语表达反映社会生活，言论意见无法被记载和存储，因此未能形成成熟的言论样态。文字的出现，打破了这一限制，人们利用动物骨甲、莎草纸、金石、绢帛等承载文字，通过纸笔在平面上传达意见，人类言论交流的初步形态出现，抽象思维逐渐形成。但纸笔的生产不易，因此这一时期的言论信息注重事实呈现，“言少事多”。随着机械印刷技术与电报技术的发展，信息的承载能力更强，容量更大，以报刊评论为主的新闻评论形态逐渐成熟，传播者和受众双方在报刊所构建的封闭、独立空间中展开交流，人类的线性思维得以发展，可见，纸媒造就了二维、平面化的表达空间维度。

到广播电视时期，摄影、电影、无线电和三极管技术等发展使得人的言论可以通过音响、话筒、屏幕、画面传达，表现形式更为多样，新闻评论的节目形态逐渐形成，这一阶段在广播、电视平台上出现的新闻评论形态类别就是三维、立体化的。再之后，互联网信息技术的出现发展造就了意见交互市场，打破了三维空间的时空限制、传播者和受众方的身份界限，VR、AI、大数据、算法推荐等技术的不断生成和进步使得四维甚至更高维度的表达空间出现，这一时期的新闻评论形态类别基于平面和立体形成了更为自由、生动、多元、具有纵深感、流动性、交互性的话语场形态。

由此可见，媒介技术的发展不断创造出媒介平台，媒介平台不断影响着传播环境、传播主体以及传播结构的变化。不同的媒介平台会对信息的组合样式造成不同影响，造就了不同信息产品的区分价值，直接影响着人的交往，即信息传播的主体结构的变化，传播主体的身份、界限、思维和需求也在发生变化。

媒介平台对新闻评论形态类别的基本建构起到了基础性作用，成为类型划分的依据。同时，在新旧技术的互动中，媒介平台不断生成、拓宽新闻评论进行意见表达的空间维度，为新闻评论形态类别的创生提供了更大的空间和更便利的条件，新闻评论的形态类别实现了融合共生式的动态完善过程。

3. 社会文化因素

社会文化潜移默化地规定了人的主导价值观，直接或间接地影响了社会结构的变化。新闻评论作为人类思想的反映，其样态内涵与社会文化息息相关。社会文化因素是在人类一般需求与媒介平台的共同作用中构造的，因此，人类社会文化的发展史也是媒介的发展史。

譬如中国古代社会出现的进奏院状、邸报等官报形态，仅用于通报行政事务与消息，为使各地官员获知中央信息，加强王权统治，并不具备言论表达功能。加之传播主体间只能通过官报获取信息，不具备互相交流的时空，从而也欠缺质疑精神，在与其他因素的作用下，逐渐形成了封建集权文化。

纸媒天生的二维、平面的空间特征造就了传播者与受众双方的隔离，传播者与受众主体间无法展开对话，写作者处于独立思考的独语状态，受众处于独立接收的反馈状态，从而生成了理性主义、自由主义、民族主义等多文化类别。纸媒的成熟使得信息可以被大量生产、复制、传播，人类获取的滋养越丰厚，对世界的认识越广阔，社会文化的构成越多元复杂。

社会文化对新闻评论形态类别的影响体现在新闻评论的立意取向、写作过程、话语风格、话语内容、论证结构、表达方式等方面。

中国社会长期尊崇“儒释道”文化，强调天道观，追求整体、和谐的社会氛围，在此影响下的中国社会呈现出纵向的、集体主义的体制性结构，影响了新闻评论的整个写作过程。新闻评论作品大多立意、取向于超越个体的存在，从而架构起一种较为高超的集体主义文化。我国的新闻评论作品强调大局观与整体利益、群体利益，大多数时候表现为弱化冲突、代表群体的发声方式。而西方则不同，以美国为例，美国社会崇尚自由民主，其历史发展及宗教信仰都决定了其个体至上的文化意识，比起中国报刊的编辑部评论、社论，美国报刊的个人评论作品的影响力就更大。

同时，我国社会结构、政治文化中强调位序级差的观念，造就了中国新闻评论形态类别的体制性权威特色。在论证结构上，体现为比喻、演绎论证等方法，注重承接与联系。过去“文革”式的评论，就是从领袖教导出发论证到我们当下的行为应当如何。演绎的论证方式，反映出社会意识形态的一统化、一元化、层级性特征。比喻论证的方式，则反映出对超越道理的追求，在形而上层面形成统一，忽略具体事物之间的具体联系。

这实际上也与一定的社会文化状态有关，以往的文化追求神秘感、超越感，忽略当下的个体，阐述的方式理趣很重要，具体不重要。通过理趣的统一来实现思想的统一，忽略了个别主体的价值利益，评论呈现出一种空而论道、追求至上至高的特点。这种以起、承、转、和为主要形态的表达方式，起源于中国古代的诗歌音乐。早期的诗歌音乐，崇尚天道观，提倡以自然体悟的方式抒情达意，新闻评论写作的起承转合，就是抒情方式的转化。

相反，美国的社会文化强调自由、平等、无差别，因此其社论、编辑部评论与专栏评论在类型区分上并不明显。新闻评论在论证上表现为直接的线性思维，开门见山，以并列式结构展开，要求掌握意见平衡，尊重客观事实，崇尚专业主义。美国新闻评论写作中的马拉犁结构，体现出浓厚的自由主义文化特征，论证更为犀利、鲜明、直接。

由此可见，社会文化对新闻评论的形态类别影响有时体现在意识形态差异上，有时体现在现实的政治权威差异上，总体而言，社会文化对新闻评论的影响趋向于、体现于意识形态，对评论的立论、写作造成影响。

另外，社会文化对新闻评论形态类别的构建作用，在不同时期有着不同的趋向、特征。甲午战争爆发后，国家存亡遭到严重威胁，为唤醒民众，求新变革，救亡图存，维新运动兴起。维新派纷纷利用报刊宣传自身主张，为政治现实出谋划策，发表了诸多的论说文章，这一时期的新闻评论以政论形态出现，形式自由，打破了传统八股文体的僵硬束缚，“纵笔所至，略不检束”，“时务文体”出现，开启了我国新闻评论的政论时代。新文体充分地发挥了政论文体的战斗作用，成为当时社会变法图强的重要武器，其显露出的新闻性和时事性也为后来的新闻评论形态类别的发展提供了启迪，但仍摆脱不了古代知识分子论说的习气，篇幅冗长，辞藻华丽，论证拖沓空洞。五四时期，自由民主风气盛行，社会积极提倡新文学，摒弃旧文学，提倡新思想，反对旧思想，白话文体出现，对新闻评论形态类别又是新的创新，在形式上更为精悍干练，语言风格更为简洁积极，表达更为明白通俗。近代社会的风云变幻，使得社会对时事政治的关注度显著提升，对信息的需求增大，社会同人积极地谋求变革，学习新思想，改革旧文化，新闻评论形态类别的发展更加成熟，时事相关性、新闻性、时效性等特征不断增强，至辛亥革命后期，时评、短评、社论等新闻评论文体逐渐出现。

可见，新闻评论形态类别的形成，与社会文化有着密不可分的关系，其形成是政治的需要，也是当时历史文化、社会意识形态变幻的产物，在不同时期，其形态类别的功能具有不同的趋向。不同的社会形态，直接影响了新闻评论类型间的根本性差异。

二、不同媒介环境下新闻评论形态类别的界分

（一）纸媒条件下的新闻评论形态类别：体裁

纸媒是在平面内以文字进行书写和传达的，所对应的表达方式就是书面语言，书面语言的主要特点是讲究体裁章法。人是以从前向后的顺序阅读书面语言的，思想、观点的表达形式沿着这个顺序被不断地进行格式化和训练化，久而久之就形成了意见表达的体裁章法。体裁章法中的标题、导语、论证，就是对话交流中提出问题、分析问题、解决问题的形式，都是在书面语言的基础上形成的。

之所以将体裁作为纸媒条件下的新闻评论形态类别划分的依据，是因为体裁意义仅在纸媒建构的平面空间上才有其意义。人类最初使用结绳记事的方式进行记录和表达，并无体裁分类，后来随着竹简、甲骨、金文、羊皮等工具丰富起来，纸张诞生，人类的体裁意识由此建构起来，意见表达更为成熟，逐步形成了文体。创作主体和读者喜好的内容被形式化的固定，例如古代的诗词歌赋、音律、戏剧，由于中国推崇的天道观念，在表达上偏好抒情的形式，意象的组合，节奏的反复，押韵的语调，在意境感中抒发感情，由此渐渐在内容生产上形成了固定形式类型，形成文体，例如绝句、五言诗、七言诗、楚辞、元曲。因此，体裁的生成与发展是基于纸媒的二维平面空间生成的，通过纸张，各类文学作品的外在特征才得以

显现和分析，例如篇幅的长短、结构的差异，它作为创作的形式，又具有结构的具体性，是一种具有内容性的形式，结构在体式类型上的基本反映成了文体样式的基本要求。

同时，体裁一般被视为文学作品的类型划分方式，新闻评论本身就属于文学作品中的一类，早期的报刊评论，就是基于古典文学文体的基本形态实现发展的，在发展的过程中遵循报刊自身的特点和需求不断变革，才形成了各类新闻评论体裁。

体裁是在其历史发展过程中形成的各种文学作品类型，是作品群的内在与外在的统一形式，是作品存在的必要的、普遍形式，体裁的出现使得文学作品在形式结构上被类型化，具有一定的历史性。文学作品在历史中成为被广泛使用的形式结构，其功能、特征、作用等，在实践中被规律性地把握，由此形成体裁。体裁的划分一般有“二分法”“三分法”“四分法”等方式，主要依据文学作品的节奏韵律、语言的运用、塑造作品的方式、结构与表现手法的运用等要素进行划分。

另外，书面语言的发生在平面二维空间中进行，写作者的表达过程和阅读者的接受过程被平面纸张分隔开，没有他人参与，处于不能对话的独语状态。以往的媒介理论认为，纸媒和书面语言造成了社会的分离，培养了人的独立思维，影响了个人主义、自由主义、地域主义等文化的发展。而书面语言讲求逻辑，信息被固定在平面纸张上，写作者的独语具有完善性，因而建构了理性。由此可见，平面空间的展开是以二维的体裁章法表现的，基于人类交流与清晰表达思想观点的需要，只有在二维平面空间，上才有体裁章法。因此，以体裁章法划分纸媒条件下的新闻评论类型是具有一定道理的。

纸媒条件下的新闻评论形态样式以报纸评论为主，报纸评论作为中国早期的新闻评论形态，直至现在仍然占据着重要的地位。西方新闻界对新闻评论的划分，狭义指社论和专栏评论，广义则包含政治漫画、读者来信和民意调查。中国新闻界则一般按照评论家范荣康的划分方式，将新闻评论分成社论、专栏评论、短评、本报评论员文章、编后、编者按六种，其后又出现了杂文、述评、论坛评论、小言论等多种形式。

可以看出，范荣康的划分方式，一是以内容的重要程度进行划分，社论具有引领思想、表达报纸立场的重要作用。评论员文章次之，本报评论员的身份已然带有报刊标签，代表报纸立场。而短评、编后、编者按、专栏评论则具有一定的亲近性，通过这四种形式的评论，拉近与读者的距离。这一划分标准，带有体制级差色彩，具有一定的社会文化意味。二是以文体格式意义进行划分，从评论对象的范围、话题范围、表达的基本体式、行文的基本章法等要素进行划分，充分发挥不同形态类别在报纸言论表达中的不同作用。例如经济漫谈，一般就社会生活的经济问题展开讨论，就是以话题范围被划分的。而讲究一事一议、一语破底、短小精悍的小言论，是以篇幅体式结构被划分的；具有明显文学性、批判性的杂文评论，是以表达方式和行文章法被划分的；以及注重在思想层面深入说理的论坛评论、围绕时事展开批评的时评……都是在格式意义上，即体裁章法层面上被划分出来的形态样式。

而美国的报纸评论中，形态类别的划分并不明确，虽然在形式结构上，调查评论、政治漫画等都具有了文体形式的创新，但仍然属于广义的、社会文化意义的划分。从这一层面而言，美国显然不如中国报纸新闻评论的类型划分详细具体，这是由于美国崇尚开放民主的社会文化氛围，维护个人意志，尊重言论的自由平等表达，因此每个划分标准都有所不同，新闻评论没有形成固定的样式栏目，体裁划分的意义仅此而已。

可见，在纸媒条件下的新闻评论形态样式划分中，社会文化因素发挥着主导作用，而媒介以体裁章法展开，发挥着基础作用。

（二）广播、电视条件下的新闻评论形态类别：节目

随着无线电、卫星通信技术的发展，到广播电视时期，意见表达的方式已突破纸张平面，通过广播、电视媒介实现了在三维、立体空

间中的传播。纸媒条件下的意见表达诉诸视觉，人们通过阅读实现言论观点的交流传播。而随着广播电视的发展，意见表达的通道拓宽了，在视觉的基础上又加入听觉，信息交流进一步调动了感官的感知功能，人们的思考更为细节多元。在公共空间中，人们运用视听结合的方式，减弱了此前口语媒介时代和纸媒时代中以生物性关联传播的公共信息传播，例如口口相传，从而感性因素减少，逐渐产生讲求秩序与规则的公共意识。信息产品为建构公共空间，建立公共秩序，引导公共意志，进行公共宣传所承担的公共功能更为重要，而此时基于技术的发展，信息产品可被编辑、剪辑、截取、组合，因此，信息产品逐步被类型化，将意见信息以更为成熟、流畅的样式传达给受众，节目形态成为这一时期新闻评论形态类别的界分。

新闻评论的形态样式在广播电视时期，主要被划分为本台评论、广播述评、广播谈话、评论员评论、音响评论、主持人评论、电视谈话体评论、电视述评等多种形态类别。其中，本台评论、本台短评、本台评论员文章、编前编后等是对报刊评论形式的搬运，属于社会文化意义上的划分标准。而其余形式都是基于广播电视独特的媒介特征所产生的新形式，属于媒介平台意义上的划分标准。新形式基于广播电视媒介平台所提供的基础产生，例如音响评论被分为现场谈话、环境音响、资料音响、后期解说；电视谈话体评论又被分为访谈式、讨论式、现场参与式、座谈式、论坛式等多种类型，都是基于音响、电视的声音配置能力、画面展示能力，媒介编辑功能所产生的。新闻评论的形态样式由于广播电视媒介的功能作用被不断丰富起来，通过声画结合使得现场情境、对话方式的呈现更为多元，信息的表达和传播更容易吸引、说服受众，可见，广播电视条件下的新闻评论形态样式的最大特征是形态的节目化。

广播电视的产生使得新闻评论不再被纸张平面所束缚，不再以篇章的形式出现，以声画传达、口语表达的形式出现，以节目形态呈现。与书面表达不同，广播电视条件下的新闻评论的口语表达必须通俗、浅显、具有故事性，才能使受众在一般感知层面上轻易就能把握，这其中，情态的呈现发挥了重要作用。例如主持人评论有主持人的声音、表情动作的引导、渲染。广播评论中音调的高低、语气的变化也昭示着意见的变化波动。声画结合的形式造成想象，视听结合促进人的情感。书面语言要求表达准确、逻辑清晰，由此培养了理性逻辑、线性思维。而广播电视所反映出的新闻评论形态是动态的，有时反而会唤起人更多的感知，转变为更丰富的感受。并且，声画传达的过程中增加了很多元素，不再像书面语言那样单一纯粹，现场的任何声音、任一画面都可构成一个意见元素，组合元素的作用超越了书面语言的作用。

而节目形态与体裁形态最大的不同，就是对话和独语的区别。节目形态将人的参与直接地展现出来，人可以通过音响和屏幕被连接，在同一个空间内可以有多人同时进行表达、驳斥、交流、对话，而体裁形态中，人被隔离开来，只能在平面空间中独自发声，意见需要经过纸张传递才能到达下一个独立空间，被阅读之后才可实现交流。广播电视评论中都涉及场景、声音的移动变换，现场感的呈现，对话的即时反复等形式；尽管平台评论等形式保留了很多报纸评论的痕迹，但现场音、后期解说等对新闻评论进行二次解读，仍然属于对话的范畴。因而，在其中寻找体裁是困难的，对话内部的场景结构变化就成了决定性因素。而这是讲求逻辑、线性思维的书面表达做不到的，因而广播电视媒介能够形成节目形态，而纸媒无法形成节目形态，这显然是媒介划分的结果。广播电视的媒介特征造就了节目形态，而节目形态内部的差异是节目内部的对话方式造就的。例如主持人评论是个体化的，而电视述评是一个大型组合的内部场景，需要剪辑、组合、调动大量资料，制作性强，不是仅现场可录制的。

这些差异也是以媒介平台为基础，不同主体的需求为导向，受到人类一般需求与社会文化因素影响，生成了新闻评论的节目形态。同时，社会文化因素仍然发挥着重要的作用，社会结构、体制区分了广播电视新闻评论的时段、位序、重要程度，对广播电视新闻评论形态类别的划分具有主导性作用。

广播电视媒介的发展，使得新的新闻评论的形态类别出现在三维空间内，不再停留在平面空间，变得立体、生动、形象起来，虽然有所丰富、突破，但仍是在有限的时空中展开的。在这一有限的时空中，节目形态成为新闻评论形态类别的基本依据、基本单元，表现出时空的有限性，同时也受制于时空的有限性。

（三）新媒体条件下的新闻评论形态类别：话语场

随着互联网信息技术的迅速发展，为满足人日益增长的需求，媒介平台被不断构设，不同平台上不断生成着意见表达的不同形式方法。纸张和荧幕对意见的反映已经无法满足人的需求。

在时间上，人需要即时的交流，追求交流的效率，信息传递的速度与宽度。在空间上，人渴望近距离的交流与表达，需要输出、感知情感，需要参与到对话之中，并能及时获得回馈，而不是等待纸张与荧幕对言论意见的反映。同时，新媒体时代中的人希望掌握话语权，对纸媒和广电条件下的“一言堂”格局产生怀疑和挑战。因此，在新媒体条件下，体裁形态与节目形态已经无法承载新的内容，并作为标准去划分新媒体时代网络新闻评论的形态类别。

新媒体技术的发展造就了言论表达的高维度空间，观点不仅可以在二维的平面空间、三维的立体空间中进行流动，还被强化了时空概念。新媒体条件下的言论空间，最大的特征是传播主体的结构改变。新媒体撕破了传播者与受众双方的界限，打破了传播权的垄断，使其成为人人都可拥有的相对平等的权利，信息的流动由自上而下的有序传播，逐渐转为多方向、多维度的自由流动。同时互联网加强了世界性的关联，人与人之间的关联形式发生变化。以往以媒介传达的公共信息所串联起的统一整体，逐渐转变为以情怀、志趣联系起来的诸多个体，人人都可以通过媒介平台随时随地发表言论，展开交流，信息被大量生产，并在不同媒介平台间自由流动，意见自由市场逐渐形成。言论观点不再被媒介垄断，而是由人不断创造、表达和吸取，人际的关联互动成为一种基本个性，由此，作为新媒体时代传播主体间的交互样式，话语场成为划分这一阶段新闻评论形态类别的依据。

“话语场”这一概念来自布尔迪厄所提出的场域理论，他认为，场域是一种表现各种位置间的客观关系的网络，且每个场域分别具备一套受习惯、资本影响的运行规则。习惯代表了主体行为的倾向性，而资本则决定了主体地位的高低，譬如一个媒介所拥有的文化资本，在某种程度上决定了其话语权的多少，而媒介组织营造了“新闻场”，即后来被广泛探讨的“话语场”。以“话语场”来划分新闻评论的形态类别变化，与以往传播者与受众双方的二元研究不同，话语场概念更能反映新媒体建构的高维、多维空间中的主体关系及其变化过程。

话语场包含了各种言论形式、多个意见主体、多元评论议题，其话语规则、结构受到政治、经济、技术、文化等外环境和意见主体身份、心理、群体性格等内环境的多重影响。

在媒介发展的不同阶段中，划分新闻评论形态类别的依据是不同的，其共同点在于新依据不断打破旧依据划分出的边界，例如节目形态打破了体裁形态，话语场形态又打破了节目形态，信息形式和结构被不断重新组合。但新依据、新形态的出现并不意味着旧依据的消失，而是相互融合，高维度包容了低维度，例如纸媒时期的新闻评论样式在广播电视时期仍被使用，对其样式的颠覆并不明显，到新媒体时期依然存在，并成了更加成熟的文体样式。在新媒体条件下，体裁、节目、话语场是同时存在的，在受到新媒体影响的同时，依然带有自身的特点和差异。

纸是二维的，承载了文字、图画等一维线条的组合形态，建构了体裁形态；广播电视是三维的，用以承载文章、声音、画面等媒介元素，节目形态被建构；新媒体是多维空间意义上的信息云集，以自由人际组合的对话，承载了文体、节目等形式，建构了话语场类型。

由此可见，在意见产品发展的不同阶段，其类别意义被不断地消解、改造，并基于新的媒介发展情况，以高维度的包容与重新组合，不断建构符合人的需求的合适形态。在新媒体条件下，基于媒介平台特性、人的信息交往需求，以及不断发展变化着的社会文化的影响，“话语场”作为新闻评论形态类别的划分标准是较为符合需求的。而同样，在未来的发展过程中，新形态的生成以及新闻评论形态类别的划分依据，依然要结合媒介技术本身的发展特点、人类的基本需求变动以及社会文化的变迁进行分析，这三个影响因素始终占据着主导地位。

三、新闻评论形态类别演变的意义

（一）充分反映社会时代的变迁

中国传统社会的评论形态，始终带有规定性色彩。譬如传统诗歌体裁律诗，在声律、对仗、押韵等方面都有严格规定。明清时期的“八股文”，在评论议题、结构、格式、语气、篇幅、声调、字数等方面也有统一的模式。报刊评论的体裁形态，也大多篇幅充实、结构完整，形式统一，强调“论点”“论据”，追求事实与观点的结合，标题多为意见观点性信息，论述严谨。广播电视评论的节目形态，有固定的“片头”“片中”“片尾”，主持人、嘉宾、音乐等现场要素，播发、主持、访谈、串接等不同的传播方式，也分别对应着固定的评论类型。到新媒体时代网络新闻评论形态，意见主体的身份多元复杂，传播手段与表现形式丰富，形成了自由、散漫、凌乱、碎片、多元、不固定的言论形态，意见主体仅用一个表情包就可以表达观点态度。

新闻评论形态类别的演变，充分地反映出我国社会时代的变迁。中国传统社会的社会结构，是小农经济主导的，封建自然经济制约下的君主专制制度一度占据统治地位长达数千年，为维系中央集权，统治阶层十分重视对思想言论的钳制，“文字狱”“言禁”“报禁”一类的制度层出不穷，新闻媒介仅代表统治阶级的话语，被视为维系统治、教化民众的工具。同时，中国社会一直深受儒家文化的影响，它倡导和谐、有序、统一、协调，强调服从、平衡、稳定，以“和为贵”的形式实现社会总体利益。这种社会文化的影响，使得知识分子大多以“修身、齐家、治国、平天下”为理想抱负，强调“舍生取义”“治国安邦”的社会责任感，追求“为天地立心，为生民立命”的情怀与使命，自觉实现个体对集体的归顺，为国家集体的利益行动是其共同的追求。中国传统政治追求社会整体利益，忽视甚至禁锢个人利益的文化时代背景，体现到新闻评论形态上，就表现为固定、统一、规定性的形态特征。

进入 21 世纪后，国家、社会不断地改革转型。国家社会间的国际交往越来越密切，开放程度不断提升，经济全球化的发展影响了文化传播的全球性，西方提倡平等、人权、个体的民主政治理念的传播更加广泛、深入。互联网信息技术的发明与推广，改变了信息流动的方式、传播速率、时空范围，加快了先进技术与多元文化之间的交流输送，相应地影响了人的社会心理需求、认知模式、生产生活方式的改变，自由、个性、情感等人性化的精神需求越来越受到重视。新媒体技术与平台打破了传统媒体的话语垄断，降低了言论表达的门槛，人们可以通过手机、电脑等多种端口随时随地实现连接与表达，个体话语、小众话语相继出现，扩大了意见表达交流的时空范围，分散的传播主体不断创生个体言论意见，网络空间的虚拟性增强了传播主体进行言论交流的安全感，在思想观点的交锋中进一步满足了个体丰富的个性需求，极大地鼓舞了个体化的生长。并且，我国就互联网和新媒体工作多次进行战略规划部署，提供政策支持，使得新媒体理念与价值认同得到重塑。这时，新媒体时代网络新闻评论形态就表现为个性、多元、自由的特征，充分反映出个体权利、价值日益受到重视的社会文化氛围。

新闻评论作为人类进行意见交流的重要途径，直接关系着人类生活的观点反映，关系着社会的发展，具有重要的价值。而不同的社会时代背景，不同的媒介条件，不同的人类需求等多种因素的综合作用下，又恰巧不断地造就着不同的新闻评论形态。新闻评论形态的发展，更能实质性地体现新闻评论整体的发展变迁，反映社会时代的变迁。因此，对新闻评论形态类别的演变进行观察，有助于把握新闻评论发展变化的规律，从而更好地指导实践。

（二）充实新闻评论的功能作用

在中国古代社会，公开的言论表达形态早已存在，譬如春秋“百家争鸣”时期的论辩文章、唐宋明清时期的散文论说，大多论证历史教训，宣传德性修养，劝诫君主，教化民众。清朝末期，西方传教士以“传教”为由积极创办报刊，借助言论为西方列强试图开展的殖民活动提供舆论支持。戊戌变法时期，国人逐渐意识到了言论的社会作用，积极利用报刊发表个人政见，抒发抱负；辛亥革命时期，革命派利用报刊言论大量阐述自身立场观点，不断输送譬如民主、科学等西方先进思想。近代报纸评论形态的出现与发展逐渐动摇了封建社会对言论表达的禁锢，拓宽了表达的渠道，促进了新思想的传播，激发了当时民众的救亡图存意识和批判精神，为启迪民智，促进国家、社会的现代化和理性启蒙，发挥了重要作用。

新中国成立后，以党报、党刊、通讯社、广播电台为代表的党媒，不断丰富新闻评论形态，充实内容，积极承担起党和人民的喉舌功能，通过对党和国家政策方针的阐述解读，向民众表明态度，展现实际工作。到21世纪后，新闻评论形态趋于稳定，评论内容与范围逐步细化深入，逐步投射到民众生活中，民众参与社会公共事务、决策的渠道进一步开放。丁法章认为，我国的新闻评论切中时弊，扶正祛邪，为提高全民思想道德素质，准确及时地解读党的方针政策，提升社会文明程度，集中反映和直接引导社会舆论发挥了积极的作用。新媒体技术的发展，变革了媒介格局与传播方式，信息传播的渠道被拓宽，媒介平台不断增多，言论表达的门槛降低，传播群体增多，人人都可以通过多个平台，自由地创造言论形态，随时随地上传信息，平台上的评论、点赞、转发、分享到其他平台等拓展功能的运用，增强了言论的流动性、交互性，构建了公开、自由的社会交往型的话语场空间，进一步实现了人与人的连接，新闻评论形态逐渐转变为以话语场交互为主的动态形式。由于新媒体平台的自由、公开、交互、流动等特征，言论的话语权不断向个体释放，公民可以积极地参与社会生活，进行舆论监督，充分表达实现个人诉求，反映不同社会群体的真实声音，促进观点和思想的共享，实现了多元价值的碰撞。

可见，新媒体时代网络新闻评论形态样式的出现使得话语体系由以往官方、主流媒体所主导的精英话语不断向民生、草根话语转变，在分散、整合中逐步实现平衡，个体意识也得到充分彰显。然而，新媒体时代网络新闻评论样式多元、自由、散漫，评论主体素质参差不齐，也导致了无意义、碎片化、情绪化、暴力言论的出现，新闻评论形态偶尔成为意见主体宣泄情绪的通道。

总的来说，传统新闻评论形态的出现与发展，发挥了启迪民智、激发理性的重要作用，承担着引导社会舆论，维护社会稳定的功能。新媒体时代网络新闻评论形态，不仅继承了传统新闻评论的基本形态，还消解了传统新闻评论形态的中心话语，充分地激发了个体意识的发展，从服务集体、维持社会整体利益逐渐转为关注人的利益与个性，体现出明显的人文关怀，通过新媒体平台反映不同社会阶层的真实声音，发挥着公共监督的重要功能。当然，新媒体时代网络新闻评论样态的自由发展，必须是在无损于社会发展与稳定的前提之下的自由。

新闻评论作为意见交流的渠道，以社会生活为主要内容，对社会现象表达观点看法，传递态度，起到了反映社会现实问题，引导社会舆论，加强舆论监督，推动社会发展的作用。尤其在新媒体时代中，信息传播速度快、范围广，在冗杂的信息海洋中，新闻评论的意见传达，能够迅速地提取重要信息，设置社会议题，解读信息与现象背后反映出的社会问题及深层原因，从而更好地服务社会建设，帮助和引导受众理解、接收、交流社会的发展变化，成为受众参与社会公共生活的重要途径。

第二节　新媒体时代网络新闻评论的形态样式

随着计算机发展的连接演进，新媒体条件下次第生成的新闻评论形态样式按照新媒体演进进行划分，可以分为三个时期。从外在结构入手，对不同时期出现的不同新媒体平台上的新闻评论形态进行观察，能较为直观地掌握其样式特征及发展变化。

一、Web 1.0 时期的新闻评论形体样式

Web 1.0 时期，是互联网的媒介化时期，自 1969 年阿帕网出现，基于超文本和数字化技术，实现了信息的搜索与聚合，完成了内容与内容的连接、联通、存储。互联网信息传播的广泛、迅速等特征，打破了传统媒体占主导地位的媒介格局，为信息自由生成和开放交互构建了良好的空间，释放了大众的传播权利，使得人人都可自由发表意见，集结话语力量，传递价值观念。网络言论的早期形态——BBS 评论出现，而在 Web 1.0 时期的发展后期，综合性门户网站逐渐发挥作用，网络新闻评论的早期形态——新闻跟帖出现并发展。

（一）BBS 评论的创生及其形态

BBS，全称为 Bulletin Board System，意为电子公告栏，在互联网出现之前就已经出现了基于调制解调器和拨号 BBS 技术相互连接成的 BBS 网络，现在的 BBS 站点大多基于 Internet/Telnet 协议，通过 Firebird BBS、Smth BBS 系统登录服务器，传输信息，进行交流。

1991 年，我国的第一个 BBS 站点长城 BBS 创生，1994 年 5 月国家智能计算机研究开发中心制造出了曙光 BBS。随着 BBS 技术的逐步成熟，BBS 论坛不断出现，被普遍提及和广泛使用的 BBS 论坛，主要有几类：一类是以清华大学的“水木清华”BBS 为代表的校园论坛，一类是以“天涯论坛”为代表的民间论坛，除此之外还有商业论坛、专业论坛、个人论坛等各类形态。

就外在形态而言，BBS 以兴趣导向对空间进行了区域划分。以早期的“水木清华”BBS 为例，划分了多个板块，譬如“休闲娱乐”“五湖四海”“游戏运动”等，每个板块中又划分为各个讨论区，譬如“电影”“电脑市场”“职业生涯”等。

每个讨论区中则按照发帖时间罗列帖文，同时显示“作者”“日期”及“标题”。后来的 BBS 论坛在形式上就更为成熟，有“热度”“点击量”“浏览量”“回复数”“时间”等多种帖文排列方式。

除了分类讨论之外，校园论坛一般都具备处理邮件、接受系统咨询、设置个性化信息等基本功能。用户注册后就可以自由地进出不同的讨论区，浏览、阅读帖文，就某篇帖文内容展开交流、讨论。

一般而言，帖文在形式上分为两种，主帖与回帖，主帖是用户就某一话题发表的意见内容，回帖是其他用户围绕主帖发表的评论。回帖标题是在主帖的标题前加注“Re：”字样，代表回复。由于早期技术的欠缺，回帖需要以发新主帖的方式再次发布，并且按照发布时间与主帖一同排列显示在讨论区中。

随着技术的发展完善，现在的 BBS 平台早已实现了帖文的独立互动，用户点进主帖之后，回帖按照回复时间被依次排列在主帖下方，互动过程一目了然，由此帖文也构设了新的、独立的意见交互空间。

BBS 评论形态自由散漫。以往的新闻评论形态，标题格式规整，强调突出论点，明确表达意见态度，而 BBS 评论的标题则形式杂乱，情绪冗杂不明，譬如多数意见主体为表强调时常为标题添加多个感叹号，表达口语，中英文词汇混杂，以缩写、简称代指评议对象，蕴含疑问、无奈、惊讶、激动等多种情绪，有些评论的标题甚至语句不通。

以“水木清华”的法律讨论区为例，点开任意一帖文可以看到，与传统新闻评论首行空两格，上下文整齐划一的格式不同，BBS 评论格式自由多样，全依赖意见主体的个人安排，标点的使用不规范，偶尔还有错别字。以“aps 的观点好像都看不懂”这篇帖文为例，标题模糊不通，读完并不能反映出意见主体的观点态度，正文内容的开篇也非常突兀，缺乏对评论议题的来龙去脉的介绍，帖文中也并未介绍论证主题的来龙去脉，似乎是在质疑社会公平。帖文多以无标点、口语化的短句为主，缺乏事实论据的支持，仅有一两句对社会现象的描述，说理表面，欠缺逻辑。在帖文末尾还附有发布者的“个性签名”，彰显出意见主体的个人特征、个性态度。

BBS 评论形态的散乱，还表现在议题构建的随机、不稳定、不确定性方面，与传统媒新闻评论的议题构建在固定的栏目版块中不同，BBS 评论散布于各个讨论区，意见主体进行表达的时间、内容、方式等都没有规律。

这一时期 BBS 平台上生成的新闻评论形态样式，打破了以往传统媒体对新闻评论形态样式的规定性和时空限制，开创了一来一回，就某个议题进行反复、多次评论的形式。BBS 评论舍去了以往新闻评论形态的严格架构、规范格式、准确用语，在议题选择、价值取向、格式排版、标点使用、版面安排、评议空间等方面都表现出自由、随意、散乱的特点。

BBS 的出现，首次将现实中通过新闻评论展开的人际互动转移到互联网中，营造了一个虚拟的言论交流空间。互联网的虚拟性、匿名性特征使得每个独立的个体都可以在 BBS 空间中找到自己的立足之地，自由、便捷地获取信息，进行自由的意见表达。就好比每个人都是一个点，每个点都是自由移动的，但是通过内容实现了点与点之间的连接，交织成一张巨大的网，实现了紧密的网状连接。帖文就是实现连接的中介，其标题、用户昵称、个性签名等就是 BBS 平台上最鲜明的符号资源。

（二）新闻跟帖的创生及其形态

新闻跟帖，是网民对在网站中发布的网络新闻进行点评、议论、讨论的意见形态，被认为是一种短而精，随写随发，三言两语，一针见血的网络新闻评论形态，必须基于网络新闻存在，具有自发、随意、即时、互动的特点。严格来说，新闻跟帖是基于 BBS 论坛中的主帖回帖的互动形式生成的，网站新闻报道是主帖，新闻跟帖则主要扮演了回帖的角色，在形态上更加短小，平台对言论交互的空间限制也更加明显，只能针对相应的网络新闻在特定区域发布言论观点。内容上新闻性、时事性特征则更加鲜明。

2000 年，新浪率先推出了对网站新闻进行评论的跟帖功能，到 2004 年，四大门户网站已经都具备跟帖功能，开设单独的留言互动板块，例如早期新浪设置的“某某新闻专题”、搜狐设置的“网友评论”区域、网易开发的“我也评两句”，以及腾讯的“网友说话”板块。早期网站大多是以专题形式，为新闻跟帖开辟出单独的板块空间，类似于 BBS 的讨论区，点进去就是单独的帖文，用户只能对新闻发表评论，但无法与其他用户形成互动。

网易是最早在界面设计上将“新闻跟帖”置于新闻下方，方便了网友的言论交流，后来又将“新闻跟帖”功能逐步完善，至今已成为特色栏目。网易的跟帖是以时间顺序排列的，最新跟帖显示在最上方，跟帖一条一条被罗列被称为“盖楼”。在网易现在的跟帖栏目中，平台根据赞同、浏览数量筛选出精彩跟帖，直接呈现出来，还设置了“今日跟帖热榜”梳理当日最受关注的信息及跟帖数量，跟帖右下角有“回复”“顶”“分享”“收藏”四种意见行为选择，用户可以简单对帖文内容发表态度，其中“分享”可以转载精彩跟帖到微博、QQ 等其他平台，实现了跨平台的互动。

从外在形态上来看，新闻跟帖沿袭了 BBS 论坛的意见交互形式，但在技术和空间层面又对其言论交流形成了限制，用户只能在特定跟帖区域对特定新闻事实进行评论，主体间的互动在后期才得以发展。

早期的新闻跟帖形态样式，还未完全摆脱传统新闻评论形态的影响。网站根据跟帖内容提炼标题，观点直接鲜明，一针见血。评论内容类似于报刊评论的短评形式，就事论事，讲究逻辑，结尾号召、呼吁，与标题照应。但总体而言，较传统新闻评论形态则更为短小，缺乏论据，结构简单。

经过长期的发展演变，如今的新闻跟帖形态，在形式结构上更加随意自由，基本脱离了传统新闻评论形态的样式规则。跟帖不再配有标题，而是直接呈现内容。格式五花八门，内容呈现出明显的“段子化”“生活化”取向。同时，表情符号、字体的使用也更加多元、灵活。

总体而言，新闻跟帖形态篇幅短小，评议空间稳定，发布即时，具有较强的针对性，能够迅速凸显舆论焦点。在形式上，它沿用了 BBS 评论的交互形式，但却在形式和内容方面受到网站的制约引导，基于此，新闻跟帖成为传统新闻评论形态向新媒体时代网络新闻评论形态过渡的基本中介形态，后续的新媒体时代网络新闻评论形态发展，都离不开新闻跟帖样式的影响。

二、Web 2.0 时期的新闻评论形体样式

Web 2.0 这一概念在 1999 年就被普遍认可和使用，在 2004 年由蒂姆·奥莱利在 Web 2.0 大会上正式提出。这一时期出现了面向社群的协作式书写技术 miki、简易信息聚合的 RSS 技术、BLOG 技术、SNS 技术、即时通信技术等互联网信息技术，进一步改变了传播主体的媒介接触方式、习惯，将“受众”逐渐升级为“用户”，意见主体能自由地发布意见言论，表达自我，展示个性，进一步满足了人参与信息传播，开展交往的

需求，凸显了人的个体价值。

Web 1.0 时期实现了信息的搜索与聚合，但并未解决人与人之间的信息交往需求，受众依然处于被动接受信息的位置。相对于 Web 1.0 时期，Web 2.0 时期追求展示、参与、沟通与互动，更加重视人的需求、重视个体利益，人被视为具有独立话语权的个体，Web 2.0 旨在实现人与人的连接，建立牢固的社会关系，重心由对信息的关注转变为对人的关注。这一时期，意见主体利用互联网技术自主传达信息，营造出“人人都有麦克风”的传播景观，展现个性的言论形式——博客评论，基于内容社交的草根言论——微博评论，圈层化的新闻评论形态——微信评论相继出现。

（一）博客评论的创生及其形态

博客，blog，一般指基于网页技术呈现个人思想观点的个人日志，其实质是个人自由表达和出版的新兴手段，是知识过滤和积累的重要工具，是通过原始文本链接建立深度沟通的网络交往新方式，最早于 20 世纪 90 年代，出现在西方国家。2002 年，方兴东等人创立“博客中国”，是第一家独立的博客网站，被称作是知识门户网站，也被认为是互联网门户网站的第二梯队。2004 年左右，四大门户网站接踵在网站上创造了博客栏目。

中国早期博客，在创办之初邀请了不少名人入驻，譬如作家、明星等传播主体，以期通过传播主体自身的影响力扩大博客的影响力，带动普通用户加入，稳固博客发展。这在一定意义上就导致了早期博客的传播主体几乎为精英群体，博客也被认为是精英的言论平台。2003 年，“木子美事件”的爆发，使得私人博客受到关注与追捧，博客才逐渐打开了平民化之路。

与新闻跟帖通过网络新闻进行互动交流不同，博客平台是以人为中介展开的共享交流，信息主要来源于个人，而不是传统媒体。从外在形态而言，博客主要呈现为专题集合式和个人空间集纳式两种形式。在专题页面中，对发布内容进行“标签化”推荐，按照内容性质分为军事、文史、社会、娱乐等不同专题，每个专题之中又根据点击量、发布时间进行排序罗列，最新发布的文章位于顶端，还有热门排行榜等形式，提取出引发广泛关注的话题、评论，引导用户迅速获得一手信息，议题集中，文本独立。

在个人空间中，内容被左右划分，右边是博客评论的正文内容、访客进行跟帖的互动内容，这也是博客平台上较为普遍的两类新闻评论形态样式。左侧则是博主的个人资料，包括访问量、人气等信息，博主发布的博文目录，平台推荐的相关内容，一并显示。博客平台运用 Tag 技术，以标签将文章进行归类、推荐，意见主体可以就同一类评论议题充分地获取、集结信息，丰富意见言论的思辨性。就“博主”而言，“被标签”有助于凸显个人风格，明确内容定位，更好发挥言论力量，实现内容的品牌化。同时，意见主体可以根据个人兴趣偏好，设置、装饰、美化博客空间，充分彰显自己的个性特色。

与传统新闻评论形态相比，博客评论的议题范围更加丰富、广阔，同时缺乏把关，缺乏 BBS 平台的管理员一样对评议空间的整理，也缺乏网站对新闻跟帖的评议内容引导，议题选择、篇幅样式、语言风格、结构逻辑、论证方式等都由意见主体自主决定，体现出浓郁的个人化特色。意见主体在对某一新闻事实发表意见言论时，往往受到自身生活环境、经历的影响，逻辑不够严密，言论大胆直接，表达方式随意见主体的个人兴致变化，评论表现出口语化、散文化、生活化的价值取向，有时还会体现出一定的生活意趣，文艺评论较为受欢迎。由于评议空间的充实稳定，博客评论在形态上较为规整。就访问评论而言，与散乱随意的 BBS 评论就网站新闻展开评论的新闻跟帖形态不同，博客的访问评论，基于个人言论空间的发展，由意见主体选择议题，基于议题与其他意见主体构成了连接互动。访问评论注重博客评论的内容，也注重博主的个人品牌。

由于博客评论的个性化特点，其发展至今，始终受到意见主体的个性特征影响，因而对早期形态与现今形态的对比较为困难，变化特征不够清晰。

博客评论发展到后期，微博、微信等更加新鲜、便利的媒介平台出现，吸引了意见主体的注意力，因而博客评论的后续发展较为乏力。但总体而言，博客率先为意见主体的新闻评论表达提供了独立、自由、充足的个人空间，在形态上，篇幅及论证结构上更为完整，空间栏目的安排潜移默化地发挥了议程设置的作用，言论的自由交流被设置在了一个更加稳定的空间中，对内容的推荐和筛选排除掉了杂乱因素的影响，提升了言论表达的质量。这样的形式结构安排，也能够使得博客评论内容成为传播主体的符号，成为其信息分享和思考的动力。

（二）微博评论的创生及其形态

微博刚出现时，被称作“微博客”，即微型博客。它继承了博客的个人化、互动化、自由化、开放式表达，创生出独具平台特色的特征。为用户提供 Web 、WAP、Mal、App、PC 等多端口接入，以“关注”机制建立起社交关系，运用文字、图片、表情符号、视频等形式，进行意见信息的分享、传播、交流，是具有社交和言论交流两种主要属性的平台。微博的前身形态是美国的 Titter，这一社交平台的成功直接影响了我国微博的产生。2007 年，早期基于 SNS 技术创造校内网的王兴，成立了类似微博形态的社交网络——饭否网。

2009 年，新浪推出“内测版”微博，成为我国第一家提供微博服务的门户网站，随后其他三家门户网站也都建立了微博平台，但都由于用户量不敌新浪等多种因素纷纷退出。迄今为止最为著名、使用最为广泛的是新浪微博。

在外在形态上，微博的分区更为多元，页面顶端为搜索栏，便于用户直接搜索感兴趣的话题，接下来是发布栏，可以以图片、表情、视频、话题等多种形式发布言论。正文页则是不同意见主体发布的信息，还可通过原创、图片、视频等不同类别进行分类。页面的左侧是用户关注对象的分类和热门内容的更新。

微博平台上最鲜明的特征就是140字的内容发布限制以及微博实时热搜榜。140字的内容限制，形成了短小、碎片化的微博评论形态。评论内容下方设置有收藏、评论、转发、点赞等方式供意见主体之间展开言论交流，互动内容按照“热度”和“时间”两种形式排序，公开显示在正文下方。

实时热搜榜是根据用户的搜索频率、对话题的关注度不断更新的话题榜单，有助于用户及时了解热点信息。现在的实时热搜榜后还会有“新”“热”“沸”“爆”四种热度级别，“荐”则是对广告进行标注，还有表情对话题表明态度。

早期的微博评论，由于字数限制，篇幅更为短小、碎片，但在形式上并未完全摆脱对传统新闻评论形态的依赖。评论内容多以消息形态呈现，附以网页链接，通过传统新闻评论内容对微博评论进行补充，表现为意见与事实相结合的结构。评论跟帖也非常简短，意见主体间的互动性不强。

随着平台的使用，意见主体不断增多，技术手段不断完善，通过对线条、色彩、文字、音频的编辑，设置了表情符号、网络用语、表情包、动图、短视频等符号，这些符号资源在意见主体进行言论交互的过程中，被赋予了丰富的意义。微博评论多表现为意见观点式，以表情符号、视频、长文章等元素在形式上对观点意见进行补充，促进了微博评论的发展。同时，评论区中意见主体还可就跟帖内容进行意见交流，显著提升了微博评论的互动性与传播能力。

微博评论基于多端口、低门槛、微型化、可移动的平台特征，为意见信息的传播提供了技术支持，为意见主体间的言论交互提供了便利，成为观察社会舆论走向的风向标。

（三）微信评论的创生及其形态

2011年，腾讯创办了微信，基于无线网络和移动数据流量，为移动终端提供免费的即时通信功能，不收取通信费用。通过技术上的语音、定位、搜索等功能加强了人的连接。2012 年，朋友圈功能和公众号功能相继推出，发展至今，微信已经成为使用最广泛、最频繁的应用程序。

微信通过手机号和邮箱进行账号注册，注册后通过读取手机通讯录、扫描二维码名片、好友推荐等形式，添加好友。基于这一平台特征，微信平台以现实的社交关系实现用户连接，在平台设置上更具私人化特征。基于此产生的新闻评论形态样式主要有两种，一种是在朋友圈中的评论样式，用户在朋友圈中上传图片视频、分享音乐、发布文字、分享链接等，好友可进行点赞、评论。另一种是通过微信公众平台向用户定向推送的新闻评论形态样式。朋友圈评论形态的生成具有隐私性、不确定性，不易观察，因此，对微信平台上生成的新闻评论形态样式的研究主要以微信公众号评论形态为主。

任何个人、机构组织都能够通过微信平台自由地申请微信公众号，自主策划、管理、发布、传播公众号内容，公众号评论能够以图片、音频、视频、链接等多媒体元素与文字相结合的形式呈现，并可以通过公众号头像设置，打造公众号的形象品牌。早期的微信公众号评论在形式上不够美观，也不支持互动，随着技术的成熟，公众号评论内容下方才出现了留言、分享、点赞、评论功能，实现了公众号与其他意见主体的互动交流。

以“人民网”的公众号样式为例，可以看出微信公众号评论每天可以单条推送，也可以以多图文组合推送。当天推送的第一条内容，一般会设置封面图片，以放大、鲜明的图片表明评论内容的重要程度，吸引受众的注意。文章中可以插入图片、背景音乐，通过对评论格式的排版、标题字体的加粗引导受众阅读，为碎片化言论交互情境中的深度思辨提供了支持。公众号下方一般是服务引导栏，以设置专题的形式帮助用户迅速掌握一手资讯、近期热点，或是以集锦的方式推广公众号的特色内容，或是获取读者反馈意见。用户通过“关注”公众号，便可以获取、阅读、评论公众号评论内容，也可直接向后台发送语音、文字进行交流。

微信公众号评论的正文形态较为多元，论证严谨、充分的传统新闻评论形态的样式依然存在，同时还出现了短评、图片评论、语音评论的形式。正文下方还有留言，用户可以进行“点赞”“评论”，点击“阅读原文”可以链接到原文、详细内容，点击“在看”可以向好友推荐此内容。微信公众号评论的早期形态，是没有留言评论等互动形式的，由于技术的发展才开发出多元的互动功能。后来为规范言论，构建稳定文明的言论空间，保护公民权利，微信公众号的留言评论可以经由后台精选方可呈现。

微信公众号主体对微信评论的主导性、把控性强，公众号后台直接决定了评论的形式、内容、发布的数量、互动的形式，譬如是否开放留言功能，留言评论如何精选……后台对评论内容的审核，也直接影响了微信评论进行意见交互的时效性。加之平台与现实情境的连接，仅从外在结构而非主体秩序层面观察，微信评论或许成了“最规矩”的新媒体时代网络新闻评论形态。

三、Web 3.0 时期的新闻评论形体样式

目前，新媒体发展仍处于 Web 2.0 阶段，但新媒体发展呈现出智媒化、全媒化趋势，基于大数据、Feed 流媒体、云计算、IPv6、人工智能、智能语音问答、算法推荐、5G 技术、VR/AR 等技术，实现了物与物、物与人的连接，于是，Web 3.0 时期即将到来，媒介平台的终端连接进一步升级、智能化设备迅速发展，强调深度参与沉浸式传播，追求物与人的全媒化连接。短视频平台的出现，就表现出明显的 Web 3.0 时期的特征。

短视频评论，一般指在 4G 技术、5G 技术的支持下，基于移动终端的应用程序进行拍摄、制作、上传至互联网空间并广泛传播、交流的视频评论形态，一般时长不超过 5 分钟。国内最早在微博、微信平台上就出现过短视频功能，由于当时互联网的普及率还不高，未引起太多关注。2011

年，人人公司收购了视频网站 56 网，初步实现了视频社交平台的整合。短视频评论形态，从功能层面主要可以分为工具型（视频编辑）、内容型（新闻资讯）、社区型（社交表达）、垂直型（细分领域）。

从主体层面上，短视频评论目前主要被分为两种形态，第一种是传统媒体对电视新闻评论节目的内容进行片段截取、编辑后发布在新媒体平台上的短视频新闻评论形态。这是目前传统广播电视新闻评论形态切近新媒体言论空间的有益尝试。

第二种是新媒体组织、个人通过视频编辑平台进行录制、编辑，而后上传到视频网站或社交平台上的新闻评论形态。譬如新闻资讯类短视频平台——“梨视频”，通过编辑制作，试图在较短的时长里向受众展示新闻事实的精华部分。

军事评论家张召忠的“局座时评”，通过开设个人时评节目，以幽默风趣的语言，围绕军事、政治、科学等内容与网友展开互动交流，评论颇具个人风格。同时，意见主体还可以通过“vlog”形式，记录日常生活，通过后期剪辑制作，对新闻事实、个人生活中的新闻现象发表点评。2020 年 1 月 22 日，微信平台的“视频号”功能也正式上线。用户可以通过“发现”页面进入视频号，可直接通过手机移动端发布图片与时长不超过 1 分钟的视频，视频号内容同样支持关注、点赞、分享等互动。

从呈现方向上进行划分，短视频评论形态又可被划分为横屏与竖屏这两种呈现方式。横屏是最早的短视频评论的呈现形态，即无论移动终端如何放置，评论画面始终以横向延展的方式呈现，继承了早期视频网站的内容形态。

竖屏评论形态，则是目前应用传播比较广泛的一种呈现形态，多出现在移动视频社交 App 上。主要基于智能手机这一移动终端的运行实现意见交流，从外在形态上表现为手机屏幕大小，全屏播放，画面方向以竖向呈现，以竖屏样式为主。目前国内下载量和使用量最大的短视频平台有抖音、西瓜、快手等。

以抖音为例，手机屏幕的视线主要区域为视频内容，冲击性和吸引力较强。下方为简短的文字说明。右侧则是关注、点赞、评论、分享四个功能栏目。视频评论除了视频本身外，还有字幕、特效、图表、背景音等多媒体手段，时长较短。视频以信息涌流的方式不断出现，向上滑动屏幕就会自动推送下一篇内容，向左滑动即可看到博主发布的全部内容。同时，用户也可以基于平台模板和技术支持，自由创作、制作、发布短视频评论，这种低门槛的平台支持，导致短视频评论在外在形态上表现出鲜明的生活化取向。

随着互联网的发展，用户对信息的需求不止于文字、图片，对视频的需求不仅仅停留在观看、制作上，而是希望通过视频内容展开社交，于是独立的短视频平台逐渐兴起，微博、微信两大社交平台也在不断优化视频社交功能。短视频评论形态除了评论内容本身，还沿用了社交平台的互动评论，互动评论一般呈现在视频下方。

值得一提的是，短视频评论形态中还有一类特殊的互动评论形态，即“弹幕”评论，它最早出现在2006年的日本视频网站上，2008年在我国兴起，经过多年的发展，被普遍应用在各类视频评论中。弹幕评论一般以漂浮、滚动、相互覆盖式的移动形态出现在屏幕上，不再出现在单独的评论区域中。与电视评论节目中的字幕形式类似，但不同于前者，弹幕不仅可以出现在主体画面的下方，还能够出现在上、中、下等任意位置，不再以凸显视频内容为主，而是与视频评论内容共同呈现，甚至覆盖住评论内容，具有各种颜色、大小、字体、格式，共鸣性强。

短视频评论，与此前出现的新媒体时代网络新闻评论形态都不尽相同，它是新媒体条件下出现的第一个独立的视频评论形态，在外在形态上更加适应意见主体在移动场景下快节奏的言论交互需求。同时，短视频平台表达形式创新、吸引眼球、时长短、重点明晰，评论以视频切换、字幕强调等多媒体元素组合的形式，强化了新闻事实、评议态度，增强了言论意见交互的现场感、立体感，提升用户体验的同时，有助于观点意见的传播与吸收。短视频评论为不善文字表达的用户提供了更多展现自我的方式，其个性、富于情感的生活化表达，也表明在互联网空间中，任何群体都能找到自己的位置空间。

第三节　新媒体时代网络新闻的社会文化意味

一、跟帖式——个体的打开

以 BBS 评论和新闻跟帖为代表的“跟帖式”形态，在平台上率先打破了传统媒体对新闻评论的垄断主导，实现了信息的聚合，为传播主体提供了自由表达的权利和空间，创造了以主帖、跟帖为代表的互动性新闻评论形态。具体而言，有以下几方面的特征：

一是传播主体开始以个体身份参与新闻评论的意见交流。“跟帖式”形态的传播主体不再是传播者与受众双方二元对立的关系，传播者不再由官方、主流媒体垄断，而是以个体身份在意见交流的过程中不断地转变身份角色。当用户就某个议题发表意见，就会形成主帖，此时的用户就是传播者，而当用户对其他主帖内容发表评论时，形成回帖，此时的用户就是受众。这是由于 Web 1.0 时期的新媒体平台，在技术层面实现了信息的搜索与聚合，显著提升了信息传播的速率，降低了意见表达的门槛，用户只要通过注册就可以自由及时地获取大量的资讯，随时随地实现意见表达，改变了以往的言论交流格局。网络空间的匿名性，拓宽了表达的限度，为传播主体自由、公开的意见交流提供了保障，传播主体的身份也更加多样、复杂。

二是传播主体间以内容信息为中介进行意见交互。作为新媒体时代最早出现的新闻评论形态样式，“跟帖式”形态主要有两种互动形式，一种是针对新闻内容进行的跟帖评论，另一种是意见主体间就跟帖内容展开的二次甚至多次评论，一般称为“盖楼”，这一称谓形象生动地反映出“跟帖式”新闻评论形态所造就的互动语境。“跟帖式”形态以内容为中介桥梁，实现传播主体的连接与互动，表现出 Web 1.0 时期的信息聚合特征。譬如新闻跟帖形态，以网络新闻为中介，主要有三种意见交互形式，就事论事、无关讨论、延展原帖内容。跟帖对原帖中的新闻事实发表意见，原帖主体可以得到即时反馈，无关讨论则反映出人无意识的情绪宣泄；跟帖中对原帖内容的延展，则可以帮助受众了解更多的事实信息，充实观点。

三是评论议题受到平台的引导与限制。BBS 平台通过分版分区、信息服务等一系列在形式上的设置，引导用户方便地找寻感兴趣的议题。传播主体根据自身需求选择感兴趣的讨论区，点进去之后自由浏览、评论相关帖文。找到志趣一致的群体，大大增强了人的集体归属感，在一定程度上满足了人的社交需求。同时，BBS 平台中，板块、讨论区、帖文之间具有层级包含性的树状形式决定了议题的数量众多、范围广泛。以“天涯论坛”为例，分为杂谈、国际政治、娱乐八卦、情感交流、新闻众评等诸多版块，仅新闻众评一个版块又被分为深度探讨、草根视点、转载专区、名家专栏等不同的讨论区，一个讨论区中又有数百万的主帖回帖，议题的广泛多元也导致难以构成类似传统媒体以主要议题为中心的紧凑结构，评论形态分散凌乱，互动时效性也较为模糊。另外，BBS 平台的积分奖励制度，使得用户为了优化使用体验，获得表达特权而不断地发布无意义的言论，体现出技术和平台特征对人的限制与束缚。而新闻跟帖形态，基于综合性门户网站出现、发展，对网站上的网络新闻进行评论，网站先行进行了议题选择，评论议题被规定。而网站不具备新闻采写权，多转载传统媒体新闻，因而新闻跟帖形态的议题范围也多围绕社会民生、时事政治展开，表现为强烈的主流现实色彩。

Web 1.0 时期，正值国家集中精力加强现代化建设，建设社会主义市场经济体制，加快改革开放进度的关键时期，社会文化氛围积极、自由、开放。受此影响，人开始逐渐脱离以往社会体制带来的规定性，展现自我、追求个性、自由交往的需求逐渐显现。网络信息技术的出现，实现了意见交流的超地域、超时空，拉宽了人际交往的空间范围，多元信息的传播也加快了社会阶层结构的分化。

这一时期生成的“跟帖式”新闻评论形态，率先打破了传统媒体对新闻评论议题：选择及表达方式的垄断，赋予了意见主体充分的言论表达权，以便捷、简单、散漫、互动式的外在形态，表达对事实的观点情绪，在短时间内激发意见主体参与公共交流、进行公共表达的意识，在受众的媒介体验中增加了网络空间的公共讨论，改变了意见主体对媒介话语形态、控制与创造的认识，为适应这一时期人的需求提供了适宜的空间和条件，为公共领域、社会民主政治生活的建构开辟了道路，为个体打开了表达自我、宣泄情绪、融入集体、建设公共领域的大门。

但同时，“跟帖式”形态的评论议题具有随机性、随意性，没有预设的框架，议题与议题之间也不存在关联，评论表达的时序、内容、态度、界限都没有规定，整体体现为松散、混乱的结构形式，实现了评论表达的“去中心化”，成了新媒体时代网络新闻评论最早的基本形态。在时效性方面，由于言论的分散性，有些主帖在发布后引起了其他用户的注意，恰好是其感兴趣的议题，因此吸引了用户的回帖。然而有些主帖由于其发布时间、议题性质等多种因素，并不能迅速得到即时的反馈，在当时没发挥影响力的帖文有可能会在较长时间段后引起其他用户的注意，形成回帖，但主帖发布主体是否还会回复，从而形成互动就难以把握。

“跟帖式”形态的生成与发展，也对传统社会一元化的价值观、传统中国社会的文化取向、传统道德规范，形成挑战。新媒体时代网络新闻评论形态基于这一基本形态将继续实现拓展丰富，不断变革人类的生活方式与思维方式。

二、社交式——现实场域的延伸与控制

“社交式”新闻评论形态，出现在 Web 2.0 时期，在 Web 1.0 以信息内容进行连接的基础上，由虚拟的网络空间向现实社会关照，逐步拓展为人与人的连接，主要有以博客评论、微博评论、微信评论为代表的形态。从博客评论强化了个体身份，到微博评论建立起社交关系，再到微信评论的圈层化划分，逐步实现了对现实场域的延伸与控制。

首先，表现为个体身份的不断强化，这一阶段的代表形态是博客评论。博客平台的出现，为意见主体提供了言论表达与集纳的个人空间，将以往以新闻为主导的言论传播格局，转变为以意见主体的个性品牌为主导的意见交互格局。

博客评论在形态上呈现为独具个人特色的日志形式，评论空间自由独立，评论议题的选择由传播主体个人主导，以个人诉求为先，无需迎合版面。以个人空间的形式对发布的言论进行归纳集结，有助于集中议题，归纳个人思想观点。言论被附上了意见主体的个人标签，角色更加凸显，个体身份特征不断强化。同时，意见主体的生活经历、修养水平、思维意识都对评论的风格形态产生影响。在博客平台上，意见主体之间主要通过主题评论与访问评论两种形式进行互动，这两种互动形式都是在意见主体的个人空间内，以个体言论为核心展开的，大多是博主从生活取向出发，对社会现象、新闻事实发表个人观点，具有散文化、杂文化、个人化的形态特征。

以赵普的博文《救人的伦理》为例，博主围绕云南鲁甸地震中的救援次序这一社会伦理问题展开思考，开篇先提出问题“平常救援是否可以参照灾难救援原则”，通过举例得出结论，应当坚持“陌生人原则”，根据“与危险的距离”救援。论据的选择和语言风格体现出鲜明的个人特色，博主的其他博文，也都是对生活现象的思考，生活气息浓郁。从访

问评论来看，形态大多简短、口语化、生活化，譬如直言“哪个好救救哪个，纠结这个干吗呢”。访问评论中的“赵普老师您好”“无聊的赵普”，也反映出博客评论对个体身份的强化。

同时，为维系个人空间的稳定与发展，塑造个人形象，博客评论的意见主体在追求言论自由的前提下更重视规则与口碑，这也导致博客评论在形式结构上更为完整、严谨、流畅，在内容上更为理性、深入、真实、连续，传播主体间的交往秩序较为和谐。

博客是个体思想意见的记录空间，对个人思想感受的表达记录，有助于反映个体心理，反映时代发展进程中的个体生存情形。同时，博客评论深刻、专业的言论表达，也有助于引导新媒体信息时代的舆论健康稳定发展。

其次，表现为社交关系的建立，主要体现在微博评论的出现与发展上。微博多端口、低门槛的平台特征，显著提升了意见主体的数量，吸引了不同背景、身份、层次的主体参与公共意见交流，意见交流的场所由个人言论集纳式转变为意见广场式。在技术上，微博为意见主体提供了丰富的意见交互形式，意见主体可通过各类端口，围绕某一新闻事实随时、随地发表、浏览言论观点，以“带话题”的方式参与热门话题的讨论，通过转发、收藏、点赞、评论、私信等方式展开意见交流。主体间基于观点、兴趣、偏好以及社交需求，通过“关注”机制建立联系，被关注者一般被称为“博主”，关注者被称为“粉丝”，也可互相关注，成为“好友”。基于意见主体关注和发布的信息内容，微博还会推荐“感兴趣的人”，帮助意见主体方便快捷地实现同类聚集，建立社交关系。主体间可基于内容展开交流，也可通过私信即时聊天，被关注者发布内容的方式、时间等完全依赖个人主观意愿，而关注者也可以只浏览不发表意见。

微博平台通过技术功能的设置，在个体完成自我凸显之后，为满足个体渴望被认同，融入志同道合的群体等社交需求，将现实的社交活动转移至网络虚拟空间。网络空间不再仅是信息的聚合，更逐步走向了人与人的连接。但较之现实的社交活动，微博平台给予了意见主体更多的自我、自由，将以往以关系交流内容的信息交往模式逐渐转变为以内容构建社交关系的模式，建构起一套独有的言论交流语境。

同时，微博评论以极强的社交性增强了意见言论的观点论争意义，迅速扩展了评论观点的传播范围，不同意见主体的言论与声音使得社会关注的视线延伸到更为草根、更为底层的社会空间，公共话语能得到及时的反映、交流，促进了公共领域的构建，进一步加强了社会的紧密联系。而平台的海量信息，篇幅限制，互动性强等，也导致了微博评论的论证缺乏深度，情感主导一切，极易出现情绪化、极端化、煽动性等问题。

最后，表现为社交圈层的划分，以微信评论为代表。微信是基于现实社交关系实现传播主体间连接互动的平台，将此前互联网空间中传播主体的匿名身份实名化，转变为虚拟空间中的熟人社交，将社交关系的弱连接变为了基于现实的强连接，传播主体间由现实的熟人关系构成了单独的、私人的传播空间，言论交互上带有现实社交关系的特征，现实社交群体的偏好对网络空间中意见言论的发展、形态的划分具有直接的影响，体现出明显的圈层化色彩。

微信平台中的意见主体获取新闻事实，表达言论意见，主要通过朋友圈和公众号两个渠道进行。朋友圈是基于意见主体的现实社交关系形成的，公众号则是意见主体通过搜索、好友推荐等方式进行“关注”，公众号通过后台对内容进行编辑，以文字、视频、语音、链接、图文等多种形式为订阅者定时推送新闻评论内容，主体间通过“订阅—推送”建立互动关系。主体间的交流互动只在公众号中进行，用户的留言跟帖必须经过公众号的后台审核、精选后才被公开显示在正文下方。公众号通过后台数据收集可以获知“粉丝”的性别、年龄、移动终端类型、所在地区、评论量、点赞量等信息，从而有针对性地改善内容，适应用户的需求与偏好。因而，微信评论的意见主体的意见交流，体现出明显的圈层偏好，对现实社会公共生活、公众利益、公民权利的关注更多，现实性、真实性更强。

譬如面向社会大众的新闻服务类公众号“新闻哥”，运用串联的形式将“学生家长滥用职权干涉教务”和“河南矿企山体刷漆充绿化指标”两个新闻事实连接起来，以讽刺、揶揄的方式批评滥用职权的现象，直接质问相关部门不作为的原因，表达方式上颇具生活气息，调侃意味。互联网时代的趣味性、反叛性明显，在理性论述的基础上情感色彩更为浓厚。评论中以富有调侃、隐喻意味的表情包来反映言论态度，增强了新闻评论的趣味性与可读性。互动评论中，很多用户都通过评论内容分享生活体验，展开互动与思考，新闻评论作品的影响力得到有效发挥。

微信评论是现实的意见交流在网络平台上的反映，评论空间私人、封闭，意见主体的言论特点、偏好直接表现为在现实社会中所处群体的特征。同时，与此前平台追求个性差异不同，微信评论的个性化逐步被现实社交圈层限制，意见主体为融合现实社交圈，推动现实的社交关系发展，不得不对意见交流进行设计管理，以适应现实圈层的生存。意见主体间的言论交互受到社会规则的约束，追求求同存异，论争色彩弱化。

Web 2.0 时期，我国民主进程的不断推进，集体本位思想被打破，个体意识、个人主义思想正在发展，互联网信息技术进入稳定的发展期，媒介平台也由注重人与内容转变为强调人与人的连接，为公民维系利益、权利，参与公共社会生活提供了和谐稳定的环境。在 Web 1.0 时期，意见主体满足了基本的信息获取与表达需求，并逐步显露出作为社会性动物的自我价值凸显、社会交往等需求，因而“社交式”新闻评论形态由此出现，并不断发展。博客评论为个体展现自我思想，记录个体声音提供了空间，强化了意见主体的个体身份。微博评论接续出现，多端口与“微”形态的平台设置，鼓励了大批意见主体的意见表达，并实现了虚拟空间中的人际交往。但身份各异的意见主体的碰撞，极易滋生矛盾、情绪，虚假、极端、宣泄式的意见交互，造成了人际关系的异化，意见主体的自我认同危机，减弱了主体间交往的信任度。意见主体对隐私保护、私人空间、回归现实的需求逐渐增强，微信评论应运而生。由此可见，“社交式”评论形态的出现与发展，都是为适应这一时期的人类需求与社会文化氛围，在媒介平台的技术规定下，逐渐实现了现实场域的延伸、控制。

三、沉浸式——第一视角的展现与共鸣

Web 3.0 时期，智能化技术全面升级，移动终端设备的功能得到显著发展，更加重视人的感知与体验。“沉浸式”新闻评论形态由此出现。

短视频的出现，提供了全新的视频评论形态，用户基于移动终端，随时拍摄、制作、上传视频新闻评论，创作门槛低、创作场景便捷、社交属性强，符合移动新媒体时代的碎片化消费特点。在形式上使用了全新的叙事评论模式，多为第一人视角，个人主观性强，采用具有冲击力的画面，富有感染力的音乐，特效、滤镜、字幕为辅的表现形式，镜头转换快，字幕以意见观点为主，时长短，冲突强，现场感、在场感强烈，能够充分调动人的感官，提升了意见言论的表达效果。

平台以算法推荐技术推送、分发视频内容，通过用户浏览内容类型、停留时长、互动情形等因素，向用户推送感兴趣的内容，屏蔽不感兴趣的内容。意见主体间，主要通过点赞、评论、模仿、分享、竞争展开互动，以抖音为例，意见主体在观看短视频时，可以直接就视频评论内容发表评论，或点击“拍同款”，进行模仿、二次创作，分享至其他新媒体平台等多种方式来表达自己的观点态度。同时，创作者可以自选拍摄空间，设计拍摄创意，发起热门话题，与用户在评论区展开互动。短视频评论通过字幕放大，色彩频闪等特效，笑声、戏谑声、鼓掌声等多种能够表达情感态度的背景音，勾连起意见主体的视觉与听觉，形成共鸣机制。

近年来，国家社会经济和互联网技术的飞速发展，显著改变了社会结构、人的生活习惯以及文化氛围，人的个性被极大释放和表达。互联网信息技术、智能移动终端、无线网络等发展，不断完善互联网空间和设施，

智能手机的普及使得信息传播逐渐实现了大屏转小屏的变化，用户对信息交往的需求逐渐转换为快节奏、碎片化、场景化的体验需求。

短视频评论形态叙事直接，画面多近景，追求现场感，评议主体多从第一人视角切入评论，保留了诸多“杂质”，通过建构真实、生活化的评议空间引发共鸣。以“央视新闻”的抖音账号为例，官方主流媒体也试图走向场景化、情感化的评论模式。譬如央视主持人白岩松对“博主宇芽遭家暴”事件发表意见，怒斥“打老婆的男人还能叫男人吗”，更是以“烂人”称呼家暴者，直言“法律在这呢”。议题接地气，评议主体的言论情绪表达直白、公开，隐含警告劝诫。以有冲击力的画面，充满感染力的音乐、被特效强调的字幕替代了导语引入、节目标题，各种元素在短时间内迅速切换，韵律十足，论证富有张力，增强了意见观点的传播效果。

短视频评论形态中的“弹幕”形态，在发展的过程中也展现出明显“沉浸式”形态的特征。譬如用户不仅可以与其他意见主体就视频内容的某一片段进行即时交流，还可以在二次甚至多次观看时，就视频内容对其他用户进行预告，“现场观众”与“预言家”的多重身份，进一步加深了用户的沉浸体验。弹幕作为实时、即时、共时性的视频评论形态，以戏仿、拼贴的解构式的互动形式，不断丰富创新着视频评论内容的意涵，创造出一种参与式的平等言论社交环境。意见主体在观看短视频新闻评论的同时，通过“弹幕”发表即时、碎片、互动性的言论，开创了“全新的互联网交往方式与民间文化创造方式”。这种共识、平等、自由的言论表达与互动形式，强化了评论环境的场景性与用户的在场感，连接起视频评论内容与意见主体思维，增强了多个意见主体对视频评论内容的多维情感共鸣与交互，以沉浸式的讨论互动，营造出虚拟的话语场，为意见主体间的意见交流、情绪宣泄建构了新的虚拟空间。用户在参与言论意见的交流过程中，进一步加深了对本我的认知与对群体的找寻。同时，也激发了以二次元、饭圈文化为代表的青年亚文化的传播与发展。

短视频评论形态与此前在新媒体时代出现的形态不同，通过技术规则和形式结构的设置，强调视觉、听觉的感官交互，充分发挥人的注意力机制，显著提升了意见言论的传播效果，影响了人的思维方式，为人类意见言论互动建构了新的话语场域，带来一场沉浸式的意见交流的感知体验。

Web 3.0 时期的到来，标志着智媒化时代的到来，5G、VR、AR、大数据、云计算等智能技术加快了时空一体化，进一步全面调动人的感官，使得意见主体间的交互更加灵活，审美体验也更加丰富。“沉浸式”评论形态的出现，基于技术、空间、个人需求的发展，以第一人视角表现“在场感”，减弱了意见主体间、意见主体与社会环境间，言论表达的时空的距离，人的思维活动不再依赖媒介的引导，而转变为主动地构建现象空间，营造虚拟场域，通过短视频评论和互动评论，对社会生活结构进行介入和解读。为新媒体时代网络新闻评论新形态的继续呈现提供了可能，建构起“一种以空间知觉为核心的审美范式”。

新媒体平台的发展，为意见主体进行意见交流与信息交往提供了自由、开放的空间，意见主体身份由以往的单一转为多元，传播关系更为平等，意见表达的话语规则更加灵活，社会结构随之改变。新媒体时代网络新闻评论形态的演变，汇集了来自社会各个阶层、区域的各种言论形态，构建了场景化的多元对话情境，促使意见主体以多种形式构成连接，通过言论不断对意见符号进行再定义，体制建构的板正话语在人际中被人性需求调适改变，新闻评论形态被置于话语场中实现发展。

第三章　新媒体时代网络新闻评论的规律

第一节　网络新闻评论的特征与功能

我国目前对于网络新闻评论的特点、功能及原则研究主要以新闻学、传播学为视角阐述网络新闻评论的特征及功能，强调新闻性、时效性。本章将站在公共管理的角度，以过去发生的具有代表性的网络舆情事件的新闻评论为案例，阐明网络新闻评论作为政府治理工具的特点、功能及原则。

一、网络新闻评论的特点

网络新闻评论是传统新闻评论在网络平台的延伸和创新，与传统新闻评论相比，由于其依附于互联网平台，使其在内容和形式愈来愈多样性的同时兼具了快捷、互动、灵活等优于传统新闻评论的特性，丰富了新闻评论的内涵和外延。而作为公共管理者进行社会管理、舆论疏导的重要工具，网络新闻评论是一种兼具专业性的公共产品，因此，网络新闻评论应该具有如下特征：

（一）网络新闻评论的时效性

时效性是新闻评论的核心特征，是新闻评论是否发挥舆论导向作用的关键所在。对于新闻事件的评论，只有快速及时地进行观点的传输，才能掌握舆论导向的主动权，对民众的舆论作出正确的引导。

传统媒介的新闻评论受制于发布过程的限制，对于一个新闻事件的评论往往不能及时发布。例如，纸质版新闻评论，在新闻事件发生后，即使新闻评论工作者能够迅速对事件作出反应，但是仍然需要经过审核校对、排版、印刷、发行等一系列流程之后才能被读者所获取。同样，通过电视或者广播的新闻评论也需要经过策划、节目录制、固定时间播放等一系列程序后才能被观众所获取，因此传统媒介下的新闻评论很容易导致对新闻事件的解读出现滞后的问题。这给错误的信息扩散提供了时间，从而不利于对整个舆情的把控。

网络新闻评论与传统新闻评论的发布相比拥有比较明显的即时优势，网络新闻评论简化了意见发表的过程，在评论文章形成后，只要经过校对确保意思表达无误，便可以实现迅速上传发布，从而有利于掌握事件舆论导向的主动权。网络新闻评论较传统媒介的新闻评论存在明显的时效性优势，能够更加迅速地使不同民众接触到信息本身，而这也是舆论占领高点的最重要的一点。

（二）网络新闻评论的开放性

网络新闻评论的开放性是以互联网开放性为基础强调的多样性。这使得网络新闻评论作者和评论对象兼具多样性，这种开放性将有利于政府对公民意见进行充分了解。

传统新闻评论的主体主要由专业新闻媒体的机构从业人员或外聘专业

人员组成，这一无形的壁垒使得普通读者在传统媒体上更多地以读者来信的形式发表新闻评论，很少出现真正意义上的新闻评论。网络新闻评论的主体的多样性则远超传统媒介，更多在自身领域具有专业知识的律师、教授、记者或者社会知名人士开始更频繁地使用网络平台对自身熟知领域的新闻事件作出评论，而这些领域往往不是公共管理者的专业所在，这将更有助于网络新闻评论的专业性和科学性，同时释放了公共管理者的部分功能，使公共管理者能够更好地发挥管理职能。

评论对象的开放性方面，首先，在网络新闻评论所涉及的题材方面，传统新闻评论由于其特殊性质和发布方式，导致所有的新闻评论的内容需要经过新闻评论部一一审核，因此对于娱乐话题、敏感话题或者敏感的观点往往在传统的报刊、广播和电视中很难出现。而网络新闻评论由于依托网络平台，网络评论的观点和内容往往涵盖了各个方面，新闻评论的内容不再是政治、军事、社会、经济、民生、国际、娱乐、体育、文化等方面的内容也均可以在如今的网络新闻评论中找到。其次，在网络新闻评论内容的指向方面，网络的匿名性也使得社会中曾经迫于主流舆论而未曾发言的一些持大胆观点的人们在网络新闻评论中开始表达自己的看法。例如，有网友发表的《辱母杀人案：不能以法律的名义逼公民做窝囊废》《泸州中学生至死，为何看不见真相?》《〈人民的名义〉伤了谁的玻璃心?》等评论文章，尽管各国纷纷宣称，媒体发出的声音代表了社会最广大民众的声音，但由于部分内容指向在一定程度上比较敏感，因此很难通过传统媒体进行发表，而网络为其提供了一个宽容的发布平台。互联网的兴起在一定程度上赋予了人们角色转换的机会，人们可以在更广的议题范围内最大限度地表达自己的观点，使得网络新闻评论营造的舆论更接近群众意志。

（三）网络新闻评论的交互性

网络新闻评论的另一个最主要的特点，是在传统网站和论坛的基础上借助网络即时社交平台的流行，从而为传播者与受众双方带来的交互性。

网络新闻评论在新闻网站、论坛和社区的普及首先打破了传统大众传媒强化“传播”弱化“交流”这种不利于双向交流的模式，使得新闻评论跳出了极少数专业人士进行信息传播的闭环。新闻网站、论坛和网络社区等传统网络平台对于传播者与受众双方交流的“限制”实际上取决于快节奏下人们对于这些平台的使用频率，相对于传统媒介，网络使普通公民掌握了“被限制”的主动性。而即时社交平台的网络新闻评论使得网络新闻评论的传播逐渐演化成了一种社会信息的共享行为。

事实上，传统媒介上的新闻评论是少数人的观点对多数人传播，是一种单向“传播”。这种传播由于受到各种限制，普通受众很难实现真正意义上的与传播者进行具有交流性质的对话。同时，即使短期内在某种渠道上形成了这种对话机制，但是受到时间、版面和传播者观念的限制，这种机制也很难形成一种常态。而网络新闻评论实际上提供了传播者与受众双方互动的一种可能，即“专家与专家间的互动、专家与网民间的互动以及网民与网民间的互动”。这种互动性不仅有助于对对方观点的理解，同时不会由于交流的时滞使得互动双方失去交流的热情。在整个交流的过程中，通过同步或者异步的思辨，提供了新的观点，提升了受众的参与和表达的积极性，形成“观点广场”，使得网络新闻评论在民意表达和舆情引导方面的作用得到高效发挥。

同时，网络即时社交平台的网络新闻评论与在网络社区、论坛的网络新闻评论的交互性存在的区别在于匿名性的下降。社交平台的网络新闻评论与新闻网站的新闻评论不同，在社交平台发布的网络新闻评论不再有匿名性下的安全感，因此互动双方会更加注意言论发表所形成的成本，这将更容易实现交流上的理性互动。

（四）网络新闻评论的论证性

新闻评论作为一种意见性信息，不可避免地使其所持的观点存在论证的色彩，尤其是作为引导公众舆论的一个重要工具，其内容是否具有说服力直接影响公民对其内容的信赖程度。但是长期以来，传统媒介的新闻评论整体上论证色彩并不强烈。由于传统媒介存在种种限制，导致其缺乏新闻评论本该存在的双向交流，而且我国的新闻媒体更倾向于“一边倒”的宣传策略，这使得评论内容往往论证色彩单薄，其观点容易受到受众的质疑。网络新闻评论依赖于网络平台所独有的讨论环境，具有极强的交互色彩，这使得各方所持的不同观点或看法之间可以更加频繁地碰撞。网络新闻评论互动的双方或各方为了证明自身观点的合理性和科学性，在新闻评论中越来越多地引用与评论对象相关的事例、数据、理论、政策或者法律条文，并以此证实支持的观点或者证伪反对的观点。论证色彩愈加浓厚从侧面反映了我国网络新闻评论愈发的具有科学性和思辨性，不仅有利于引导公民理性思考，更有利于政府通过网络渠道“封杀”谣言的传播。

二、网络新闻评论的功能

网络新闻评论在不同的学科领域往往承担着不同的功能，而在公共管理领域，作为公共管理者，网络新闻评论是重要的舆情疏导和进行民意汇集的工具，在发生某个社会事件后，网络新闻评论往往是政府对事件进行客观解读的重要途径，因此公共管理者往往更加看重的是网络新闻评论在以下三个方面所具有的功能：第一是舆论导向功能，第二是舆论监督功能，第三是民意汇集功能。

（一）网络新闻评论的舆论导向功能

通过各种媒介发布的新闻报道可以为普通受众提供单一的事实信息，而新闻评论则是在这一事实信息的基础上，加工整合提出自己的观点信息，并将其与事实信息合二为一，从而向普通受众传播基于新闻事实的观点。这就意味着网络新闻评论不仅发挥简单的传播作用，更发挥着导向理性、导向正确的作用。

目前，我国处于社会转型的关键时期，各种矛盾交错，微小的社会事件就可能转变为极具社会影响力的重大舆情事件，而新闻评论就面临着基于突发事件和重要问题对社会进行积极的舆论引导和舆论控制的挑战。例如，2015 年的南海仲裁，网络平台充斥了各种声音，而通过网络新闻评论的快速疏导，名为《“莆田系”法庭裁决南海争议，本身就是荒唐的》的新闻评论，阐明所谓审判法庭的不合法性，明确我国政府在南海问题上的立场，网络舆论逐渐得到缓和，提升了政府形象。而另一篇名为《极端民族主义从来都只会将爱国驶入死胡同》的新闻评论援引各种例证，尤其针对当时发生在国内的“肯德基”封堵抗议以及国内日系车被打砸事件对日常生活的影响，阐明理性爱国的重要性，在网上掀起了一股理性爱国的思想潮流。

此外，网络新闻评论的舆论导向功能并不仅限于负面舆情的新闻事件，对于正面舆情的新闻事件也应该进行积极评析，从而促进网络的健康发展，激发公民的国家认同感和荣誉感，例如，人民网在里约奥运会中国女排夺冠后发表的新闻评论《传承女排精神，共筑复兴梦想》中提到，女排精神就是“敢胜利，能胜利”从而引出“中国梦”的光明未来，引起了网友的强烈共鸣。

（二）网络新闻评论的舆论监督功能

社会公众应该是舆论监督的主体，但是在传统媒体塑造的舆论环境下，公众的舆论监督功能往往由于种种原因无法通过传统的媒介渠道得以实现。政府及公共管理者很难通过媒体的声音了解广大民众对政府及公共管理方面出现问题的不满和建议。而在媒体社会化和新媒体迅速发展的大背景下，网络为公众搭建的舆论平台越来越多，这使得网络新闻评论突破了传统媒介下新闻评论在舆论监督方面的限制，使得网络新闻评论发挥的舆论监督功能更加强势，而普通民众的介入也使得网络新闻评论的内容更加贴近普通社会公众实际的生活。此外，网络的开放性也使得网络能够更直接地反映传统渠道很难反映的问题。例如，2022 年 1 月 4 日，澎湃新闻发表《学者评“唐山打人案”：办案机关用法治方式化解社会危机事件》。回首 2022 年，“唐山打人案”应该是最受全社会关注的刑事案件，在舆论的监督下，此案处理过程做到了公开公平公正办案，办案机关用法治方式化解了这次引发舆论轰动的社会危机事件，充分发挥了网络新闻评论在舆论监督方面的功能。网络新闻评论发挥舆论监督最大的优势体现在更广泛更快捷的表达渠道，改变了以往可能出现的限制言论的情况，发现了传统媒介很少关注的内容，形成了舆论监督政府、公众监督舆论的良性循环。

（三）网络新闻评论的民意表达功能

公共管理角度上网络新闻评论的民意表达应该被认为是网民进行的自由且愈发理性的表达。

网络新闻评论的特点决定了网络新闻评论是一种自由、真实的民意表达。依托于传统媒介的新闻评论由于选题原因，相当一部分很难见诸报刊的时评专栏，而网络则提供了这种可能。网络的民意自由表达包括两个方面：其一，网络新闻评论在理论上是没有门槛限制的，任何人都可以使用网络发表新闻评论。与呈现出明显的专业化和学者化趋势的传统媒介的新闻评论作者队伍相比，发表网络评论的作者的背景越来越多样化，这其中不仅包括各领域的学者或者从业人员，也包含了文化水平不高，但敢于分享自己对事物看法的普通人。由于网络新闻评论的形式不限，只要能够表达清楚自己的观点就可以自由发表，这使得网络新闻评论的观点包含了各个层次又极具代表性，成为一种普遍自由的民意表达；其二，网络新闻评论在理论上没有评论内容指向的约束，网络新闻评论在很大程度上成为“自由的观点市场”，比如《让魏则西们理性?〈人民日报〉的道理这届人民为啥不爱听?》《活在命运的阴影中，一篇关于文革的私人对话》《曹再发案启示：维稳奖励“坏人”》，这些新闻评论均将矛头指向“敏感禁地”

却仍然可以出现，在很大程度上让人们可以畅所欲言，实现了言论的自由表达。

网络新闻评论对于作者观点的直接表达保证了网络新闻评论在表达民意方面的真实性。传统媒介下新闻评论往往需要评论编辑和分管该专栏的编辑把关，这无疑增加了新闻评论发表的中间环节，且有可能造成对原观点的错误解释。而在网络平台中，新闻评论的发布省去了中间环节，只要不出现极端言论均可以直接发表。另外，网络新闻评论不必拘泥于篇幅的限制，传统媒介在发表评论的过程中，由于版面的约束可能会出现不得不对自身观点进行修改的现象，从而导致自己的观点不能被完整地表达出来，而网络不用考虑篇幅的限制，可以完整的表达最符合新闻评论作者的本意，使民众的观点可以真实地表达出来。

网络新闻评论自身的论证性意味着其内容包含了大量的事实或数据，这引导了社会公众愈发理性地表达自身的观点，例如，以评论家对 2022 年“唐山打人事件”的网络新闻评论为例，普通公众对于事件最初的态度以指责为主，甚至出现了故意抹黑和无端猜测的情况，但是随着对事件深入解读的系列评论发布，在留言板上也越来越多地出现以科学或法律为依据的声音，并且这种声音随着系列评论的深入在网络新闻评论的留言区愈发增加。

第二节　新媒体时代网络新闻评论功能的嬗变

一、媒介生态是网络新闻评论功能变化的基础

从媒介生态学的观点来看，媒介发展空间变化的根本原因还是在于媒介生态发生了变化。而媒介生态的变化是由多种因素共同作用的，所以这诸多因素促使媒介生态发生了变化，进而影响到新闻评论功能的变化。

促使媒介生态变化的因素之一：新兴媒介的出现和媒介之间的竞争。新媒体的崛起就是媒介生态中最重要的变化。新媒体的出现是媒介历史的一种跨越式的进步，它既繁荣了媒介生态，拓展了媒介市场，又丰富了媒介产品，满足了受众的多元的媒介需求。那么作为新闻评论功能的改变，当前的媒介生态是其变化的土壤。新兴媒介兴起，与传统媒体共存，不同媒体之间出现竞争，这样媒介行业内生态环境处于一种竞合状态，新闻评论的功能在新媒体上得以拓展，又与传统媒体融合，取长补短，发挥优势。

促使媒介生态变化的因素之二：受众主体意识的觉醒和消费观点的需要。当前由于民主化进程的加快和新媒体的开放性，使得受众的多元表达成为可能，媒介提供单向度的事实性信息，已经无法满足公众需求，特别是在中国转型期，人们更需要具有指导性的观点性信息，在此背景下，新闻评论的作用凸显。这个时代，特别是网络媒体技术的发展，其低门槛的特性，使得众多网民可以借助在论坛跟帖、博客、微博等网络互动平台上，相对自由地表达看法与观点。“话语权”的释放刺激了网民的表达欲

望，其交互性满足了受众对媒介使用的期待，也满足了其个人表达、消费观点的需要。

促使媒介生态变化的因素之三：转型中国的需要和媒体发展的需要。随着媒介的不断发展以及媒介竞争的日益激烈，现代社会化大环境下，转型中国的需要是其势不可挡的重要因素。媒体要适应社会不断发展变化的实际，特别是媒体已经进入一个观点竞争的时代，那么新闻评论的争夺使得媒体间展开一场断杀，而更有深度、更有广度、更有厚度的观点是其争夺的必然，因为这已成为媒体发展赢得先机与影响力的关键。新闻评论不仅成为媒体竞争与发展的核心内容之一，更成为主导舆论走向的有力手段与方式；既满足了广大公众对观点信息的需求，也成为构建社会公共舆论空间的重要力量，因此，我们需要从媒体发展、舆论引导的战略高度对其予以重视。

新媒体时代，媒介生态环境发生了显著变化，不管是环境的开放、技术的革新，还是民主言论的自由、主动民意的增多，新闻评论随之也处于不断的变化之中。可以看出，新媒体的不断涌现与对传统媒体的冲击，为新闻评论生态的变化提供了契机；传统主流媒体的介入和发力，为新闻评论生态的变革提供了有力支撑；新媒体和传统媒体的有效互动，为新闻评论生态的繁荣提供了巨大动力。新闻评论生态呈现出一种冲突、多元、鲜活、宽容的面貌。当前，中国处于社会转型期，现实社会中出现各种的新问题、新矛盾，而许多问题都不能简单地进行肯定或否定，新闻评论的开放化、多元化从根本上说是对转型期社会特征的一种适应。新闻评论生态的变化，展现的就是媒体生态也是当代中国整体社会生态变化的缩影。新媒体时代评论生态的变化，即体现在新闻评论的传播对象、传播介质、传播手段、传播视域等都正在发生质的嬗变。而新闻评论因新闻评论生态的影响，其功能也在发生变化。

二、新媒体时代新闻评论功能的主要变化

新闻评论具有认识功能、导向功能、教育功能、舆论监督功能。就其基本功能来说，也有学者认为新闻评论具有是非评判、道德评论功能；具有心理揭示、评论功能；具有评判、指导功能。随着国内外社会生活环境的改变以及新媒体时代媒介生态的变化，新闻评论所承载起的与社会需求相适应的功能也发生了重大的改变，体现出丰富的时代特征。新媒体时代下新闻评论的功能可以用多元化来概括，它承担起了国家政治和社会生活、广大受众以及媒介自身发展这三个方面所共同赋予的使命。由于国内外环境的复杂多变、媒介技术的不断发展，新闻评论的功能日益丰富，其社会功能在舆论引导、舆论监督和表达民意等方面有所强化，新媒体环境下，特别是在以受众为中心的网络媒体环境下，新闻评论的功能不断拓展又呈现出了新的方向。

（一）舆论引导功能的强化

新闻评论传播两种信息，一是事实信息，二是观点信息，二者合一才是新闻评论的完整的功能，这也正是新闻评论对新闻报道单一信息功能的超越。新媒体时代，一方面，人们越来越需要观点信息和对信息的解读；另一方面，人们还需要对信息的解读进行正确积极的引导。在社会转型期，各方矛盾错综复杂，问题表现突出，新闻评论就面临的突发事件或者重要问题给予关照，是其评论职责所在，也是新闻评论舆论引导功能的实现路径。正如涂光晋教授指出的，新闻评论是新闻媒介对社会进行控制和引导的一种有效的手段；引导也是新闻评论的一种重要的功能。

新闻评论是新闻媒体宣传的旗帜和灵魂，是新闻媒体政治倾向性的集中表现，它对整个宣传起着开路、举旗、定调的作用。新闻评论最为集中地反映社会舆论，同时强有力地引导着社会舆论的走向。新闻评论的引导

功能体现在新闻评论者施加某种观点和思想，引导受众的意识和行为产生一定的影响，并导向自己的意图转变。新闻传播是一个双向互动的传播过程，对受众群体特征的把握是其最重要的一个环节，如此，才能够实现传播者与受众群体之间的良好沟通以及和谐统一。当然，从传统媒体时代向新媒体时代发展的过程中，受众群体及其特征必然会发生变化，如果不了解和不掌握这个变化，新闻评论的引导功能便无从谈起。随着中国社会转型期的到来，人们不仅在物质生活层面发生了翻天覆地的变化，而且在精神思想观念上也发生了根本性的变化。由于新的时代元素的介入，受众的心理特征正逐渐发生新的改变，这也为新闻评论在答疑、解惑、明理等方面引导舆论功能的发挥中带来的新的课题。首先，受众的观念从传统保守趋于开放多元。其次，新媒体时代环境下随着社会民主化进程的加快，媒体受众的从众心理明显有所弱化，个体意识不再一味盲从，而是自主化加强。再次，随着社会的民主化、科学化以及受众个体自主意识的提升，受众观点的多元化凸显，具体表现在受众接受态度由肯定趋向于否定、由求同变得求异。在社会转型期，新闻评论的语境多变而复杂，但新闻评论为受众服务的写作宗旨没有变，而只有全方位关照受众的各方面需求，多角度多方面地发挥新闻评论的文体优势，才能对新闻评论引导功能的实现有所保证。

作为“新闻灵魂”的新闻评论，在引导舆论的过程中发挥着举足轻重、不可替代的作用。如今，网民言论的规模与活跃度已经达到前所未有的程度，国内外重大事件的发生均能立即在网上发酵并形成舆论压力，观点的自由市场以及广泛的参与者都促使规模庞大的舆论热潮的形成变得极其容易，他们在引导舆论方面相较于传统媒体更加强大，平等参与交流给予他们更多发表观点、表达思想的机会，使得网民对属于自己的意见领袖的评定也更加的真实理性。基于新媒体时代我国新闻舆论导向问题的复杂性和紧迫性，迫切需要新闻媒介以正确的舆论引导人。而之所以要强调舆论导向的目的，即在于希望各种非主流的思想、观念和其他一些属于主流思想的形式不一的思想观念，能够同现实的意识形态相协调，趋向于它至少不要影响现实意识形态对全局的控制，以保持社会的和谐稳定。新闻评论引导舆论是媒体实现社会功能的主要手段，是媒体体现社会价值的重要内容。

（二）舆论监督功能的强化

所谓舆论监督，是指舆论主体在法律所赋予的权利范围内，采用多种传播形式和利用各种传播媒介形态，表达和传播有一定倾向的议论、看法、意见及观点，以实现对现实社会运行中的一种偏差行为的矫正和制约。网络及新媒体的发展，突破了传统媒体在舆论监督方面的某些顾虑，消解媒介权威，弱化舆论导向，强烈地冲击着传统媒介的舆论监督体系，使得舆论监督向更大、更深、更广的层次发展。网络新闻评论作为一种网络新闻形态，它以互联网资源为依托，借互联网的时效性、互动性、公共性等特点，更加充分有力地发挥着新闻媒体的舆论监督功能。

新媒体时代下，媒介交互平台特别是微博和论坛的应用，使得新闻评论发挥舆论监督的功能更加强势，其内容更加贴近实际、贴近生活和贴近受众。网络上聚焦热点焦点问题，网民们聚众讨论，通过网上网下、传统媒体与网络媒体、网友间评论的交互作用，不断挖掘新闻的深度，探寻新闻事实背后的价值意义，加强了舆论引导的针对性、有效性，并可根据相关舆论做出相应决策，新闻评论从中起到了舆论监督的作用。网络新闻评论是网络媒体上社会舆论最集中的反映，而网络论坛能够形成强大的网络舆论场，有其无所不在的普遍效果，舆论的形成与集中在监督媒体、监督行政中发挥了强有力的监督作用。而政府在利用网络做好舆论引导和监督方面也是更为重视，并且也做了大量的工作。

新闻评论引导舆论、监督政府，发挥了决策参照的功能，为管理者和决策者提供治理国家与社会的参考意见和理论依据，而网络新闻评论的这一功能在现时代的舆论监督体系下发挥得更加淋漓尽致。总的来说，网络新闻评论强有力的反映和引导舆论，其优势在于，它把以往媒体单一主导的发言权、审判权部分移交到了大众手里，形成了舆论监督社会、公众监督舆论的良性循环，从而促进了舆论监督权利的公开化、社会化、民主化。

（三）表达民意功能的强化

评论是以批评性见长，而这里的批评不是狭义上的批判与揭露，理性、建设性成为当今评论的价值新标准。新闻评论不仅要能发挥针砭时弊、舆论监督的功能，还要发挥它的释疑解惑和发人深省的作用。其实，新闻评论就是一种公民表达，从国家大政方针到社会事件，公民都可以就各种问题发表自己的看法与观点。这也造就了新闻评论成为公民政治参与的一种新方式，成了公共领域建构的一种现实路径。它在为管理者、决策者治理国家的大政方针提供参考依据，能促进国家法制更加健全；也在开辟体现民意的多元通道，一定程度上发挥着道德评判的作用，促进了社会文化的传播。

清华大学熊澄宇教授指出，网络正在形成一种崭新的公共空间以展开对公共领域问题的讨论。在网络空间，一方面网民可以各自发表意见；另一方面，通过超链接，将发布各自观点的新闻网站呈现在大众面前。因此，网络空间的无限性可以让来自多方面的不同声音汇集起来，形成一股强大的声音流，直接或间接地影响受众的意见和观点需求，从而影响社会舆论。

网络新闻评论是公民的重要表达出口之一，因为，从整个信息发布上来看，新闻评论提供的是一种思想表达方式，新闻评论告知大众的不是改造社会的具体方法，而是一种理念、一种思维、一种思想、一种观念，提供一个公众交流的平台，表达一种观点。从网络新闻评论的功能来看，民意表达是公民通过网络平台以评论的形式表达民意，表达个人的思想观点、意见和建议，通过民意的表达来实现价值诉求，因此，网络评论本身就是一种公民表达形式。网络舆论具有快捷性、互动性、多元化的新特征，网民的意见表达在新媒体时代有了方便快捷的新通道，网络传播中“沉默的螺旋”逐渐消解，促使公民表达更加真实可行，人们不仅表达感受想法，也表达意见建议，参政议政也走向民间，网民表达民意与参政议政的主动性都在增强。而各级党政部门也开始注重网络民意，开设网络问政、政务微博、领导留言板等新媒体平台，有针对性地采取积极有效措施，搭建起网民与政府的沟通桥梁，以彰显民意，协调各方利益。可见，新闻评论的功能承载表达民意的功能得到强化。

（四）具有对话与讨论冲突的功能

新闻评论具有对话的功能，在新媒体时代，这种“对话”媒体形式的评论也更加普遍。一是新媒介环境下“对话”成为可能。上文有论述到新闻评论面临着新的媒介环境，新的媒介环境的表现是：舆论格局的改变、受众需求的多元、公民参与意识的提高、媒介功能的多样、舆论环境的宽松和传播观念的变革。随着网络媒体技术的发展，我们进入融媒体时代，在网络上，每个人都可以自由发表言论，特别是微博的产生，具有转发和评论的功能，它让每个人都拥有了自己的网络空间平台，随时随地跟对方建立起“对话机制”。二是政府和公众之间有对话的需求。随着社会发展，矛盾问题复杂丛生，公众民主意识提高，公众有了与政府对话的需求，而在舆论宣传与舆论引导方面，政府也需要与公众搭建起沟通对话的桥梁，他们需要对公共政策或者公共事件的民主参与民主决策，这样的对话机制就显得尤为重要。那么，对话首先要能够平等地参与，而网络提供了这样的平台，在以微博为代表的新媒体技术发展下，不管是匿名还是实名，人人都有了平等参与对话的可能，公众与公众、公众与政府和知识分子之间有了对话的平台。而对于一些评论记者而言，通过与新闻当事人或者某一领域专家的对话，能够更加深刻地揭示出新闻事实背后的价值与意义。

因为有了对话，也就产生了讨论，讨论有可能引发碰撞、争鸣与冲突。在中国社会的转型期，出于身份地位、价值观念的不同与多元，冲突成了当代中国的一个显著特征，这种特征不可避免地也投射到了新闻评论领域。新媒体时代，新闻评论的对话、讨论冲突的功能实现，人与人之间通过现代媒体技术的连接就能实现双方之间表达观点意见的可能，而新媒体与旧媒体之间也搭建起对话与讨论冲突的平台，以此借力发力。由于现代公民民主意识的逐步增强，使得人们更加注重自我表达，信息传播主体的“话语权”得以释放，而精英人士垄断话语权的时代结束了。任何传播主体都可以自由地发表评论意见，享有平等的说话权，即控制舆论的权利。这个时代，自由表达权利有了法律保障，话语冲突也是尚存的现实境况，观点的碰撞与争鸣不仅成为可能，而且成为常态。就像有人说的：“我反对你的观点，但我誓死捍卫你说话的权利。”讨论冲突、观点碰撞，可以让人们自由而充分地发表与交换意见和观点，让真理的面目在讨论中越辩越明。比如网络媒体论坛，它是舆论和民意的聚集地，网民在此可以就某一话题或热点事件作深入探讨，受众与受众、媒体与受众之间秉持一种平等的双向交流的互动关系，摒弃了传统意义上的单向传播和被动接受，转而采用一种论坛式互相争鸣、互相探讨的交互模式，也即受众既是信息提供者，也是信息享有者，他们内部之间也存在着互动。

（五）具有“排气阀”和心理治疗的功能

新闻评论作为一种意见交流的观点，传达的是意见信息、观点信息，是一种精神意义上的思想交流，在精神交往过程中，人们能够及时宣泄掉心中的消极情绪，内心的孤独感也得以排遣，会使人们变得不再冷漠，有了参与社会生活的热情；同时人们从别人身上得到鼓励、看到希望，自己本身得到了精神补养，重塑了健全高尚的人格精神；新闻评论还给人们提供很多决策参考信息，为人们的生存生活提供精神支持，生存焦虑得到消解。

社会转型期，各种矛盾突出，人们的心理压力增大，心理疾病接踵而来，疏导情绪、宣泄情感成为信息传播过程中的主要内容，而意见观点的表达通过能够平等低廉地参与其中的网络平台发泄出来，微博、博客、论坛等成为他们拿来就用的便捷通道，社会情绪得以释放，起到了“排气阀”的作用。而新闻评论心理疗治功能主要是针对个体的精神层面，对信息传播过程中的评论主体与接受主体都具有积极作用。对于新闻评论主体而言，评论主体通过情感宣泄，自身得以自省并不断修正自身，对自己有了一个重新认识，或者通过与他人的精神交往和沟通，得到了社会群体认同，消解了自己的冷漠心态。对于新闻评论接受主体而言，评论者的观点、意见和价值观能够给予自己精神补养和心理慰藉，接受主体在积极正确的价值观的指导下，能够使自身的思想与社会主流思想达成一致，这样使得自己在社会交往中得到认同，社会不良情绪得到消解。

新闻评论显然已经结束了精英话语权的垄断时代，而迎来了话语权的平民化时代，公众具有表达权、言论权，通过大众传媒实现了自我表达的平等权与接近权。正因为此，新闻评论的表达才变得简单易行，新闻评论的“排气阀”作用才得以凸显，新闻评论的心理疗治功能也才发挥了作用。

（六）社会整合的功能凸显，促进社会文化传播

作为党和人民的喉舌，新闻媒介理应担当起整合社会化解社会矛盾冲突的使命，新闻评论作为观点性意见，对于疏导舆论信息起着重要作用。当代社会中的文化语境具有多元化、碎片化的特征，特别是新媒体时代环境下，民意表达自由，社会冲突泛滥，社会各领域、各层面都在发展变化，新问题、新矛盾层出不穷，急需新闻媒体发出有力声音，而新闻评论作为新闻的灵魂与旗帜本就该义不容辞。新闻评论发挥社会整合功能的关键要素是社会主流意识形态的主导性建构，这一定程度上还需要满足当代受众群体认同的心理需求，以此发挥新闻评论改革与尖兵的引领作用，才

能实现社会整合之目的。

新媒体时代，媒介融合是现状，也是趋势，而网络技术的应用在其中发挥了不可磨灭的重要作用，由于网络新闻评论具有存储性、实时性、集纳性、海量性、超文本等方面的优势，可以更高效地对新闻事实进行解读与整合。同时，由于信源的多样化，多种声音，以及运用音频、视频、图片、漫画等不同的媒体传播手段，使得人们对新闻事实的认识更加全面，使得人们对自身的认识和思考也更加深入，新闻评论不仅仅是单篇新闻内容的解读，而是整合传达出来的评论的思想观点，内容更加的全面丰富，分析更加的透彻明晰。

媒体是社会文化的传播者，当前社会中的新事件、新现象、新问题、新思潮、新风尚，通常都能从新闻评论中看得出来，而新闻评论通常也以此为契机，引领大众文化的方向。网民可以从网络新闻评论中汲取新文化的养料，紧跟时代步伐，更新自己的思想观念，提高自己的文化素质。另外，网络传播还催生出了一种新的网络语言文化，比如网络论坛和聊天室中产生的新闻评论的信息符号和语言文字等，就明显区别于其他媒体上的语言文字。一是出现了许多网络上特有的语词和词汇，二是网络传播赋予固有词汇以新的涵义，三是网络上的语言文字有时会以不同的外在形式表现出来。这都促进了社会文化的传播。

三、新媒体时代新闻评论功能变化的基本趋向

新媒体时代，新闻评论的主体、内容、外延发生了变化，新闻评论也从单向传输向双向发声、从权威性向平民大众化过渡，媒体输出渠道变宽变广。在当前媒介环境下，新闻评论的变化表现出以下趋势：形式上，从单一说教模式转向了观点信息需求的多样化模式；内容上，从政论性为主的评论转向大众化的评论格局；功能上，由政治宣传工具变成市场经济的新闻媒介功能。可以说，我国新闻评论的发展和成熟，离不开特定的媒介

环境和受众市场。表现在新闻评论的功能领域，如此环境下它的功能得到拓展丰富，变得多元化，从中可窥见其发展的大致趋势。

（一）新技术催生新功能

随着现代通信技术和网络媒体技术的发展，自20世纪90年代互联网诞生以来，网络媒体迅速风靡全球，传统的媒体格局被打破，网络作为新闻媒体的功能日益凸显。新闻评论是这一大潮中的重要组成力量，而在新媒体时代，它的功能更加强大，在影响和改变人们思想观念和生活状态中的功能更加突出，当然也越来越受到人们的关注。而对于媒体来说，应该是进入了观点竞争的时代，谁能抢到独家观点信息，谁就能在媒体领域占有一席之地。新的媒体技术无疑发挥了关键作用。首先，网络技术的应用使得我们获取信息变得方便快捷，意见表达变得及时快速有效，网络发言的即时性、匿名性，让许多的观点意见都比现实中来得更直接、准确、及时、便利，公众中有了一大批网民，加之网络使用成本的降低，使得网络信息唾手可得，网络成为重要的意见表达平台，拓展了人们的公共空间。其次，网络信息以资源的广泛性、内容的丰富性吸引着越来越多的网民，网民通过网络平台进行意见传播和观点表达，成为现时代民意聚集的重要渠道。新媒体技术的日益繁盛，特别是 Web 2.0 等互联网技术的新应用，使得人人都能平等参与发表评论。

2009年末，微博技术的发展可谓空前，而微博能做到实时互动主要就是源于它具有评论和转发的功能，正是因为这一大特色，评论功能被无限放大，产生了裂变效应。一般来说，一条微博有字数限制，如新浪微博字数控制在140字以内，发布者用最简短的文字将事件表述清楚，网友看到后可选择转发或者评论等操作，方便快捷，具有留言板的功能。其中也可附图片、音频、视频等，又有超文本、超链接的功能。如果评论转发做到即时新闻即时评，则有了实时对话的功能。不仅在电脑上，而且在手机上，也可轻松地实现这些功能，新技术的发展，为媒体的发展带来新的革命性变革，而对于新闻评论来说，它实现的功能更加的丰富、健全、多元。发布信息、表达声音，不再受传统“把关人”的控制，网民不仅是信息接收者，也是信息发布者，具有了双重属性，通过网络的多级互动传播，在较短时间内就可以形成强有力的网络舆论，随着事件的发酵和时间的推移，这种舆论声势逐渐被扩大化。

通过微博的建立与连接，网民与网民之间有了对话的通道，而在政府与公众之间，微博也在架起沟通桥梁，比如政府官方微博实名认证的开通，使得政府与网民之间有了对话的平台，再比如，媒体上就某一舆论事件具有针对性的解读，会以“微访谈”的形式与网民面对面，这样的对话机制的建立就完成了。可见，新技术的开发，对新闻评论功能的开拓具有重要影响意义，可谓新技术催生了新功能的不断开拓。

（二）“人”是功能的最终指向

新技术的产生都是以人为中心，满足人的需求和需要，是媒体技术发展的最终指向，新闻评论功能的有效发挥，最终也是以人为重要目标，人才是社会交往的主体，而网络技术的发展应用，也是因为有了“人”才具有社会意义。作为个体的人，总是有一种发表欲和评论欲，而媒体技术的开发也就为此服务，让新闻评论实现了这样的功能来满足人们的欲望。

运用“使用与满足”理论可以解释这一现象。新媒体诞生，人们选择接触使用媒介，从而受众满足自我实现的需求。比如通过电视看天气预报，是为了在接下来的个人行为中做出决策并采取行动；上网浏览新闻，是为了得到世界各地即时性信息以丰富知识开拓眼界；通过手机媒体，可以随时随地获取信息，满足自我价值的实现并与人产生互动等。可以说，大众媒介为现代人构筑了幻觉化的拟态空间。传播媒介源源不断地输出供人自我安慰、自我满足、自我欺骗的幻象，以一种不可抗拒的诱惑吸引人投入并浸淫其中。新媒体以一种崭新的媒体形态出现，“使用与满足”人的需求是它的目的。而大众以自我为中心，根据自我需求，选择和接触媒介，不管满足其实用性还是精神性需求，“以人为本”的方向没有变。

新媒介技术条件下，特别是网络的“去中心化”使得受众的民主参与意识更为积极强烈，这种新的传播方式打破了传统传播的中心权利，一个立体的、动态的、互动的、碎片的传播新局面形成。李建秋在谈及新媒体传播关系转变中也说道，“去中心化”指的是传统媒体单一的自上而下的单向传播被新媒体的多极性传播所打破，媒介传播参与者不再局限于被动的信息接收者，而是每个人都能够参与到新闻信息传播的过程之中，可建造自己的个人传播平台，并自由地发表言论和传播信息，成为媒介传播系统中的一个“独特的我”。如博客的使用，在满足受众仅对信息和媒介的使用与满足之外，更多是通过发布创作信息实现自我需求，还有参与讨论公众话题，与网友互动评论。其间的参与互动评论，体现信息流动的即时、反复和深化，同时信息更迭引起的变动与延展，还在不同程度上影响着自我确认与自我评论，人成为新闻评论的主体因素，新闻评论功能的开拓也不断地朝着这个方向发展。

作为人类参与社会活动的一种行为方式，新闻评论体现两方面的基本特性：一是交流性，交流是人类实现社会生存的基本方式，评论要传达一种意见、交流一种观点。二是参与性，评论同时是人们参与社会管理的手段之一，人们通过发表意见观点，保护自身利益，来实现作为一个社会成员的权利和义务。人是社会交往、社会沟通的主体，满足人的需求，是新闻评论发展的大的方向。情感宣泄、抒发感情是评论表达的一种，意见发声、讨论交流是评论表达的一种，民意的表达也是公众自我实现的一种需求，对话机制的建立更是沟通交流的现实所需，讨论争鸣等都成为人与人之间的交往手段，一方面个人满足自我所需，一方面社会完成群体所需。如网络论坛，就把各式各样的民众意见集合起来，在同一主题下，通过链接组合，多角度、多层面、超空间、超时间地对新闻事件进行评析，然后把来自网民的各种发声都在一起汇总，问题得到交流和讨论，成为一个公开的意见市场。人在其中发挥了不可或缺的作用，既为“个体人”服务，也为“社会人”服务，人成为新闻评论功能拓展的最终指向。

（三）功能发展多元化

现代媒体时代，经济、社会、文化都呈现多元化的现实格局，人们的话语表达的多元化也是社会的必然，这种社会话语表达的多元化，当然是和人们利益诉求的多元化密不可分的。人们需要基于自己的立场观点表达独特的社会认识和诉求，这是不以人的意志为转移的舆论发展趋势，客观、全面、平衡地反映多元化的舆论是时代赋予媒体的使命之一，建立多元化的公共话语空间是媒体贯彻“立党为公，执政为民”的题中应有之义。新闻评论的话语表达契合了这种多元的沟通方式，扩大了舆论话语空间，为此，新闻评论的功能具有了发展多元化的特点。

各媒体竞合发展，设置议题引导舆论成为媒体间争夺受众群的主要方式，美国传播学者麦库姆斯和肖认为，媒介的议程设置功能就是指媒介的一种能力：通过反复播出某类新闻报道，强化该话题在公众心目中的重要程度。而正是报纸、广播、电视、网络等成功地设置诸多社会敏感议题，使得越来越多的新闻媒体开始改变“失语”和功能缺失的形象。新闻评论在评点社会热点问题、快速传播新闻观点、受众实时互动参与方面，发挥了显著优势，特别是网络新闻舆论的引导让各种信息的选择、解读或者评论，都在相对平等的空间舆论平台上得以展示，它把受众的注意力、关注力引导到当前环境最为重要的事件中去，并提出相应的解决方案和策略。网络新闻评论具有非强制性、潜移默化和特有的弹性，会在人们社会化的过程中逐渐发挥它的影响作用。网络新闻评论对重大新闻事件、社会问题发表评论后，形成新闻舆论，迅速引起网民的广泛关注，致使受众纷纷发表意见，将新闻舆论引向纵深，传播范围不断扩散，传播力度不断扩大，从而形成强有力的社会舆论。在纷繁的舆论平台下，媒体需要对新闻事件进行理性解读和明辨，正确地引导社会舆论的方向。

新技术产生了新媒体，新的媒体形态决定了其功能的变化。而新闻评论的题材、形式、指向都朝着多元化发展，必然导致其功能的多元化。现代媒体环境下，随着传播观念的变革和媒体竞争的日益激烈，人们对新闻评论的功能也有了另一层面的认识。新闻评论是“浅阅读时代”的深度挖掘，可以对新闻事实进行全面深度的开采，以提高信息传播的有效性；可以提供公开的话语平台，“话语权”释放，满足受众的表达权与接近权，民主参与成为常态；还可以不断培养受众的民主意识与表达能力，有利于受众的主流意识形态的建立和促进社会的和谐发展。由于新闻评论专业领域和媒介载体的细分，新闻评论也就具有了相应的功能特点。出于现时代的媒体发展特点以及社会民主化的推进，新闻评论功能的多元化趋势势不可挡。

第三节　新媒体时代网络新闻评论的管理与控制

一、网络新闻评论的现实困境

（一）网络新闻评论源头监管力度与实际不符

网络平台区别于传统媒介的一个重要优势在于其海量、及时的信息资源，丰富的新闻信息在给社会公众带来便利的同时，也使得网络平台中充斥着诸多虚假信息。从政府的角度出发，这种情况的出现主要可以归结为两个方面，一方面是对网络信息的审核机制不完善，另一方面则可能由于现行制度不利于从业人员对信息的真伪进行判断。

根据我国现行法律制度，政府对网络新闻评论在信息源头的把控程度，将直接影响各平台根据网络新闻信息发布的评论文章的真实性与科学性。根据我国现行的《互联网站从事登载新闻业务管理暂行规定》，非新闻单位依法建立的综合性互联网站不得从事登载新闻业务，也不具有新闻采编权。

政府希望通过严格控制信息源，从而使虚假信息尽可能不出现在社会公众面前的做法，随着移动社交媒体的广泛应用开始凸显弊端。由于传播媒介的改变，各种信息在网络上迅速传播，公共管理者对于部分虚假新闻信息往往不能及时进行处理。与此同时，由于网络媒体不具有“互联网新闻信息服务许可证”也就不具有理论上的新闻采编权，这可能导致网络媒体在实际操作中失去对信息辨别的主动权，导致网络新闻评论者不能有效判断网络新闻的真伪，使得虚假新闻获得可乘之机。

作为网络新闻评论的作者，尤其是以互联网门户网站及新媒体平台作为主要工具的网络新闻评论作者，网络新闻信息是其获取新闻信息的主要手段。由于我国网络信息法律制度尚未完善，虚假新闻信息在官方媒介尚未作出反应之前往往就被广泛传播。而虚假网络新闻自身本就带有蛊惑的色彩，经过网络新闻评论者的评论后增加了其可信度，不仅会污染网络舆论环境，还可能造成网民对事件真相的误解。此外，专业新闻媒体往往在专业性和真实性上较门户网站占有优势，而近年来，专业新闻媒体的网络新闻评论也出现了对于虚假新闻的评论文章，尽管事后都对虚假事件进行澄清，但是仍会降低网络新闻评论的可信度，最终影响该平台网络新闻评论整体的公信力，而网络平台在对虚假新闻澄清过程中如果处理不当也容易引起新的舆情事件。

（二）网络新闻评论影响力的持久度趋于下降

根据上文研究，我国网络新闻评论发展规律呈现出的一个明显的问题，网络新闻评论在影响力逐渐扩大的前提下，单篇网络新闻评论影响力的持久度在逐渐降低，研究发现，一篇网络新闻评论的影响从第 3 天开始逐渐趋近于零。

造成这一现象的原因主要集中在三个方面：第一，目前我国网络新闻评论正处于快速发展阶段，在网络新闻评论平台中，通过微信公众号这一网络社交平台设立的网络新闻评论公众号数量快速上升，越来越多的政府媒体、新闻媒体、门户网站及新媒体纷纷在微信端开设新闻评论公众号，这使得社会公众的选择日益增多，新的信息往往快速形成一个新的评论观点出现在网络媒体上，吸引公众的目光；第二，在快节奏生活的大背景下，社会公众渴望获得最新的观点，这就导致了社会公众往往对关于事件发展的最新新闻评论更加关注，而不会关注之前关于事件的新闻评论文章；第三，微信公众号特殊的推送界面使得媒体在推送新的新闻评论文章时，可能会使前后几天的新闻评论文章不能在同一界面中显示，这就使得一篇新闻评论文章所发挥的舆情作用往往集中于发文当天。

网络新闻评论影响力的持久度的下降对于政府媒体，特别对于党媒官媒而言尤为重要。例如，《人民日报》作为中国共产党中央委员会机关报，同时也是我国最有影响力的媒体，其发表的文章不仅代表着一种观点，也代表着一种态度，让全国人民持续地熟知这种态度对党的领导来说显得尤为重要。但是也正是由于《人民日报》的背景性质，导致其对于自身平台所发表的新闻评论文章格外慎重，对于同一事件的新闻评论文章往往时间间隔过大，例如，对于山东发生的“辱母杀人案”，《人民日报》锐评的评论文章之间相隔时间过长，没有形成系列化，这导致该事件后续评论文章的影响力下降，而对于事件的后续处理往往能够体现出党和政府对于该种事件的态度，从而使社会公众得到满意的答案，从这个角度来说，该新闻评论并没有起到理想的效果。相较于《人民日报》锐评来说，专业新闻媒体和互联网门户网站的问题在于，对于事件的评论往往在前期可以形成良好的系列性评论，但关于事件后续处理的评论往往较少。

网络新闻评论影响力的持久度逐渐降低，网络新闻评论并没有形成系列化，这在短期内可能不会对舆情引导产生明显的影响，但是，在可以观察的数据中已经显现出这一因素导致网络新闻评论影响力逐渐下降的弊端，从而将导致政府对于事件处理的积极影响不能得到有效实现。

（三）网络新闻评论的题材选取比例不当

对于政府及公共管理者而言，新闻评论一个主要的功能就是对舆情事件进行积极引导，这一点对于网络新闻评论而言尤为重要。但需要注意的是，这一功能所针对的舆情事件不仅包括对负面舆情新闻事件的正确引导，还应包括对正面舆情新闻事件的积极传播。

但是，根据上文对我国网络新闻评论的发展规律研究发现，我国网络新闻评论越来越重视对负面舆情的解读，忽视了对正面事件的积极传播所引发的重要作用。这一点在专业新闻媒体和互联网门户网站尤为突出，前文中腾讯新闻的今日话题对于重大舆情事件中正面舆情事件的新闻评论文章仅占其重大舆情新闻评论文章数量的18%。此外，尽管依托人民网的《人民日报》锐评在重大舆情事件中正面舆情事件的评论比例接近60%，但是考虑到其背景，这一比例仍然不高。

出现这一现象的主要原因在于，相对于正面舆情事件来说，负面舆情事件的民众关注度更高，如果不能及时妥善应对，容易激起社会公众的不满情绪，造成不可估量的社会后果，因此对于负面舆情的引导往往会得到政府及公共管理者的高度重视。此外，非政府或新闻媒体平台出于对流量的考虑，也会刻意增加对负面舆情事件新闻评论的数量。但是，正面舆情事件的积极传播，不仅可以改善网络空间的整体环境，同时对提高社会公众对国家的自信心以及国家凝聚力的增强具有同样重要的作用。目前网络平台的新闻评论在正面主题和负面主题的选择比例上存在明显的差距，网络新闻评论对于负面新闻事件的新闻评论发布数量明显高于正面新闻评论的发布数量，两者之间存在明显的不平衡，这种失衡在重大新闻事件中尤为明显，与负面舆情事件连篇报道相对应的是正面舆情事件往往只有一篇相关新闻评论，甚至可能被忽视。

在网络影响范围日益扩大的今天，特别在我国正在进行转型的当口，妥善制衡负面新闻事件评论数量和正面新闻事件评论数量尤为重要。这不仅可以改善网络平台的整体氛围，同时，还有利于在一定程度上增加公民对国家的认同感，缓解社会矛盾，传播社会正能量。

（四）网络新闻评论反映人民需求不足

对于政府及公共管理者而言，网络新闻评论一个重要的功能就是汇集民意，反映人民诉求。网络新闻评论内容充分贴合社会公众的关注点，不仅可以减少社会公众与政府之间的“隔阂感”，同时还可以激发网民社会事件讨论过程中的参与度，使政府及公共管理者能够更准确地把握公民的态度和想法。

随着互联网技术的日益发展，网络新闻评论能够更加便捷地获取新闻事件信息，从而对时事新闻或热点现象进行解读评论。但是，根据对网络新闻评论读者调查问卷的数据分析可以看出，读者的真实阅读动机和阅读量与新闻评论是否涉及热点的关系并不密切，受众实际关心的是新闻评论的内容是否可以反映自身的需求，对于不涉及其需求的热点事件，社会公众的关注度也可能不高，或者存续时间很短。在对调查问卷中的网络新闻评论作者的统计汇总中，网络新闻评论作者对于公众的阅读动机存在误解，网络新闻评论反映需求的比例过低。在动机判断方面，《人民日报》锐评对于公众阅读动机的判断最为准确，《人民日报》微信公众平台锐评栏目对于热点事件的新闻评论数量迅速上升，但阅读量的上升趋势与热点事件评论文章的增加数量并不相符，这意味着作为官媒的《人民日报》尽管把握了网民的真实需求，但在内容反映上可能存在一定偏差。

虽然，网络新闻评论追求热点可以很好地表现新闻信息的时效性，充分发挥网络信息实时更新的优势。但是，现在网络新闻评论存在明显的“向热点化”，使新闻评论在追求热点和民意表达之间失去了应有的制衡。根据“使用—满足”理论，这在一定程度上会造成网民对网络新闻评论发布平台的“隔阂感”，这不仅不利于新闻评论对民意表达功能的实现，同时也影响到网络新闻评论对网民的影响力，不利于新闻评论各种功能的发挥。

网络新闻评论无法满足读者对内容需求的另一个弊端在于，由于网络新闻评论读者对网络新闻评论的内容缺乏兴趣，导致缺少参与到网络新闻评论互动中的意愿。尽管微信已经成为网民获取网络新闻评论最主要的途径，但是网民在微信端对于参与网络新闻评论互动的意愿仍然过低，在微信公众平台发布的网络新闻评论留言区进行留言的网民仅占该评论文章阅读总人数的千分之一。网民对参与网络新闻评论互动缺乏意愿，使得政府及公共管理者很难通过网络新闻评论及时收集社会公众对政府及社会事件的态度，从而导致政府在政策制定和工作改进方面由于信息不对称而无法做出符合社会公众意愿的改变。

二、网络新闻评论的引导与管理

在我国网络新闻评论的发展过程中仍然存在诸多不利因素，这些不利因素的存在，在长期中将会削弱网络新闻评论作为引导舆情和汇集民意的重要工具的作用。

站在政府及公共管理者的角度，以政府治理理论为出发点，网络新闻评论的治理应该是政府联合多元主体的合作管理。但是考虑到我国网络新闻评论所处的阶段以及在近年发展过程中呈现的问题，政府应该在保证维护社会公众恰当的言论自由的前提下，通过适当的引导和政策治理，调动企业、公民的积极性，营造和谐理性的网络环境。因此本书主要以制度建设和政策引导两个方面为主，多方协同管理为辅，针对上述问题提出建议和思路。

（一）建立科学的网络新闻评论政策制度

任何问题的有效解决都离不开政府部门对相关领域进行积极的政策引导，因此，对于网络新闻评论如今存在的问题，首先需要有关部门完善在政策制度方面的规范。

在政策和制度方面，针对我国网络新闻评论存在的问题，对于我国网络新闻评论应采取“进出适当从严”的制度设计，政府及管理人员应做好以下两个方面的工作。

第一，网络新闻评论的准入方面。新闻评论无论是传统媒介下的新闻评论，还是依托于网络平台的网络新闻评论，其评论的立足点都是社会中发生的新闻事件，因此新闻信息才是新闻评论的源头。但是目前我国对于网络新闻评论的进入渠道把控过严，一方面，我国的互联网门户网站不具有新闻采编权，这导致互联网门户网站很难辨别新闻信息的真伪，容易发布基于虚假信息的新闻评论；另一方面，现行规章主要将网络新闻评论作为传统新闻媒介新闻评论的一种传播手段，这种方式虽然有利于对信息源进行统一管理，但其结果则可能导致网络新闻评论逐渐失去原创动力。

因此，为了在最大程度上发挥网络新闻评论的优势，管理部门应当放宽对新闻采访权的限制，给予某些网络新闻媒体部分题材的新闻采编权，网络新闻媒体可以在规定的范围内自行选择不同题材的网络新闻采编权。这样既可以提高网络新闻评论的专业程度，使不同网络新闻门户各具特色，从而摆脱对传统新闻媒介内容的转载，同时也有利于网络新闻媒体了解新闻事件真相，便于其新闻评论部针对新闻事件作出相对的判断，发挥网络新闻评论的优势。此外，为了保障网络平台信息环境的健康发展，政府在实施新闻采编权放宽的同时应与确保门户网站保证新闻真实性责任一同推行，也就是说，网站在具有新闻采编权的同时也必须肩负起保证信息真实性的义务。这一方法的推行可以是有步骤的，由点及面的，比如可以率先在主要网络新闻媒体进行采编权下放的试点，比如新浪网、搜狐网、网易等重点网站，通过试点，探究权力下放对网络新闻评论及时性、创新性和真实性的影响，发现使用权利、义务、功能三者相匹配的一系列管理制度和规范。最后，在试点的基础上，建立网络平台、网络新闻以及网络新闻评论均适用的管理规范和制度体系。

第二，网络新闻评论的监管方面。目前，世界主要发达国家对网络新闻评论的监管主要实行多方监管模式，政府发挥的作用较为有限，这主要是由于发达国家立法相对完善，且公共社会组织比较发达。相对而言，目前我国更倾向于政府“一把抓”的管理模式，随着网络新闻评论的快速发展，这种监管模式将不足以适应我国网络新闻评论的发展需求，因此我国应建立以政府为主导的，多方监管模式。

首先，从全局方面，我国政府应该继续完善网络实名制。对于网络平台实名制，尽管我国早已实行并取得了一定成效，但是仍有漏洞。我国网络实名制的实行主要依托于两个途径，一是邮箱认证，二是手机认证，但是，这两个途径并不能有效解决以虚假身份发布信息的问题。因此，我国有关部门应该继续加强对网络实名的管理力度，做好对虚假信息散布者的有效惩罚。

其次，网络新闻管理部门应当建立一套完整且相对独立的网络新闻评论发布编辑规范和审稿制度，确立网络新闻评论的底线和责任归属，使网络新闻评论的编辑、发布做到有章可循、有法可依。网络新闻管理者应当优化网络新闻和网络新闻评论审批制度，从而确保网络新闻评论的真实性与准确性，对非记者稿件，特别是新媒体稿件，政府及相关管理部门应该设立专门的网络后台进行严格审核，建立完善的追踪责任机制，例如，投稿者需提供真实姓名、联系地址和联系方式，此外对于曾经有过虚假信息传播的人员利用互联网技术加强对其信息的稽查等，做到对虚假事件评论的源头进行有效追踪。

再次，相关社会公共组织及社会公民同样应在监管过程中发挥积极作用，例如，日本设立了“电气通信事业者协会”、英国设立了“互联网监察基金会”对互联网信息进行监管。互联网监察基金会设立了公众举报和投诉热线，以便快速受到公众的监督，此外，对于不违法但可能引起用户误解的内容，要求管理者分类标注，以便用户自行选择是否访问，对于有明显煽动或指向种族的内容该组织会建立“黑名单”或者直接查封IP地址。我国政府可以通过效仿英国的做法，为相关的专业监管组织提供便利，由专业的监管组织设立举报渠道，经过监管组织的核查后汇总于政府网络信息管理部门，从而实现对网络新闻评论内容的多方面监管，以确保网络新闻评论内容的真实性和正确性。此外，各网站设立举报电话、举报邮箱等渠道，并将其置于网络平台的明显位置，为网民举报虚假新闻评论提供便利，推动网络平台自觉接受公民监督。

最后，我国公民应自觉履行监督信息的责任，树立良好的法制观念，对非法平台、账号通过合法途径进行举报和揭发。

（二）加强网络新闻评论的议程设置功能

目前，我国正处于社会转型的关键时期，社会矛盾复杂多变，社会公众的关注点也随着社会问题的不断凸显而转移，一个微小且相对独立的社会问题经过网络被放大，并引起共鸣，使得普通公众在这种情绪下被引向极端的概率增加。而注重加强议程设置功能的发挥，则可以有效地引导社会公众进行思考，缓解“虚拟的”社会矛盾。

网络平台与传统媒介的一个显著区别在于平台的开放性，任何公民都可以依托网络平台表达自身观点。因此，对于网络舆论的引导既有可以迅速发布积极观点的有利一面，也有对不实观点或不适观点难以控制的不利一面。若在此过程中不注意有效的议程设置，往往会使结果适得其反。网络平台作为公共的“意见广场”，使得公共管理者作为信息“把关人”的角色不断减弱，然而考虑到我国目前所处的发展阶段，公共管理者仍应加强对传播“把关人”角色功能的发挥，把握网络舆论的总体方向。

对于网络新闻评论的议程设置可以从三个方面着手进行。首先，加强对官媒和专业新闻媒体网站新闻评论发布的筛选，针对网民普遍看法，进行及时针对性的引导。网络平台的开放性，使得网络成了“意见广场”，各种意见在平台中相互碰撞，最终对于某一事件往往会形成一股或多股意见，成为网络上的“主流意见”。官媒党媒对于各类观点都进行有效疏导往往需要消耗大量的资源且不切合实际，但是对于主流意见进行有效的疏导则可以使新闻评论的功能得到事半功倍的效果，公共管理者需要加强对官媒和专业新闻媒体新闻评论的把关和选择，在某些影响重大的事件发生后，迅速针对事件设置检索关键词，从而使网络新闻评论更好地引导公民进行积极的思考。

其次，需要指出的是，依托于官媒、党媒的网络新闻评论对于公众的舆论疏导具有明显的滞后性，单篇网络新闻评论受关注程度的持续性也呈现出明显的下降趋势。因此，公共管理者还可以协调新闻媒体在重大时间节点或突发事件发生时，设立专门的网络新闻评论专题报道，建立网络新闻评论与事件调查小组之间的快速对接渠道，这种渠道应是24小时的，形成对公共事件的系列评论，及时针对普通民众可能感兴趣的话题或可能关注的问题进行有效的解读，及时在网络平台中形成积极的舆论趋势，从而对网络舆论进行合理的疏导，完成“把关人”向“引导人”的转变。

最后，在广泛吸纳社会各界意见的同时注意培养政府自己在民间的“意见领袖”。网络意见领袖作为网络信息和观点传播的重要一员，时刻影响着受众对于新闻事件的态度和立场。在新媒体平台中，部分公民和是一些“网络公知”对于事件的判断往往过于片面，态度偏激，存在一定的煽动性，而公共管理者对于“打擦边球”的评论内容的管理往往受到诸多限制难以进行有效管理，不利于管理者在新媒体领域有效地进行舆情疏导。因此政府需要在新媒体平台中培养更多具有理性思辨的隐性“意见领袖”，这些“意见领袖”的言论应比“网络公知”更具有“向心”的政治倾向，能够在事件发生时站在正确的政治立场上，同时使用平民化的语言引起读者的共鸣。对于此类“意见领袖”，政府及公共管理者可以在专业的新闻平台、官媒上采用读者自荐或者专栏作者推荐优秀评论文章的方式对新闻评论进行发布，使隐性的网络意见领袖针对新闻事件的观点更多地出现在论坛、社区甚至是新闻媒体平台上，增加隐性意见领袖的关注度和周知度，扩大其新闻评论的影响范围，从而更广泛地引导网民对新闻事件的理性思考。

（三）增强网络新闻评论的传受互动

网络平台的交互性，意味着鼓励新闻评论作者与受众之间进行自由的观点交流，这也就意味着网络新闻评论受众的身份具有双重性，既是新闻评论的接受者，也是新闻观点的传播者。而我国网络新闻评论，即使依托社交工具，网民参与互动的数量仍然过低，大部分网络新闻评论的留言数量甚至趋近于零，低于往年通过其他途径进行互动的比例。这种现象一方面是由于网络新闻评论内容与读者需求不符，降低了网民进行互动的兴趣；另一方面，公共管理者对于网民的留言互动往往采用删除、屏蔽、过度筛选的方法，降低了网民进行留言互动的积极性。

公共管理者应当认识到，公民在针对新闻事件的认知过程中需要表达自身观点、进行情绪宣泄的合理之处。在实际操作中，部分网络平台的信息管理员对于某些信息进行屏蔽，但是对抗议这些信息进行屏蔽的留言却往往不做删除，也可以看出管理者也在一定程度上对该做法并不认同。因此，公共管理者或者网络信息管理者应当进一步放开网络平台留言限制，让民众可以表达自身对新闻事件的真实看法，自由交流彼此的观点。此外，公共管理者应该改变过去对于重要事件单一关闭评论功能的做法，尤其在官媒、党媒和专业新闻媒介中，这样不仅不会对社会舆情的疏导产生积极效应，反而有可能激发社会公众的猜疑与不满。政府可以借鉴互联网门户网站对新闻评论事件观点进行投票的方法，在官方媒介平台对某些新闻事件设置不同观点并进行网络投票，特别是对于某些过去并不开放评论功能的话题，这样做不仅方便对网络评论区环境进行管理，同时有利于收集网民观点，从而做出针对性答复。

我国网络新闻评论存在的另一个显著问题在于网络新闻评论作者与网络新闻评论读者之间的认知不对等，这种不对等主要表现在网络新闻评论作者不能很好地了解读者对于阅读网络新闻评论内容的动机判断。基于此，政府可以设立专门的“数据—反馈”机制，利用大数据技术，对网络新闻评论内容与流量、内容与留言之间进行分析，掌握社会公众真正的需求所在，并将该反馈与官媒平台和专业新闻媒体平台对接，从而有针对性地对社会公众的需求内容进行解读分析。

（四）增加正面舆情事件评论比例

“团结稳定鼓劲，正面宣传为主，是党的新闻舆论工作必须遵守的基本方针”这是习近平总书记在党的新闻舆论工作座谈会上提出的工作要求。但是，从我国网络新闻评论的发展规律来看，不同属性的网络新闻评论平台更多涉及的仍然是负面舆情的解读，对正面积极舆情事件的宣传少之又少。

当前，中国的社会转型正在进入深水区，需要啃“硬骨头”。社会各种矛盾开始凸显激化，这导致在“网上”和“网下”，出现了一些曲解、煽动的声音。对于这些“声音”，一方面，政府及公共管理者要针对负面舆情及时准确地进行剖析，另一方面，则要求公共管理者在进行评论时，应加强正面事件的宣传，把握“批评什么”与“宣传什么”之间的良好制衡。

本书认为，互联网门户及新媒体公众号在考虑平台流量之外，应更多地肩负起自身的社会责任，自主地平衡正面舆情事件和负面舆情事件的评论比例。当然，对于正面舆情事件的宣传，更多地需要政府及专业媒体平台肩负起主要责任，这一点可以从以下三个方向循序展开：

第一，积极宣传正面公共人物和社会事件。首先，本书所指的正面宣传不是千篇一律“唱高调”，而是从日常生活中发现那些平凡却健康积极的事例。例如，政府及公共管理者可以首先在政府媒体及专业新闻媒体上设置专栏，如“最美中国人”“平凡中的美好”等系列，通过生活中普通公众或政府工作人员的暖心之举，宣传生活中的“真善美”；另外，在重要的事件节点，例如，“隆重庆祝香港回归祖国25周年”“二十大期间”等，增设专栏，加大对该新闻事件及典型人物的解读宣传。公共事件和公共人物在社会中往往具有较强的影响力，因此政府加强对正面公共人物的宣传，能够通过他们在公共生活中的言行举止，影响公众的心理和行为，进而对全社会产生积极正面的影响。

第二，培养公民人格。政府及公共管理者对于正面舆情事件的宣传，一个重要的方向是，通过对正面舆情事件的解读，培育社会公民具有正确的公民人格。现代公民人格主要包括：法制观念、权利观念和尊重观念。因此，网络新闻评论在对于事件解读的过程中，可以有目的的着重涉及这些方面的内容，例如，可以将相关电视节目与网络新闻评论建立起常态化的联动，比如可以将《法制进行时》的每档节目进行总结后发布针对节目所涉内容的网络新闻评论，从而提高社会公众的法制观念。

第三，引导社会思潮。政府宣传，尤其是党的宣传思想工作往往承担着反映、激励社会各个主体为实现我国特色社会主义建设而不懈奋斗的重担。在党和政府的重要会议期间，往往是关键的节点，而在现实操作中，除党媒官媒之外，其他平台对于会议的新闻评论解读往往较少。因此，政府应该对各种非新媒体平台在重要会议期间设立专门的宣传要求，促使各平台、各渠道对党和政府的方针政策进行解读，从而引领正确的社会思潮。

（五）树立网络新闻评论行业社会责任观念

目前，我国网络新闻评论存在的一个隐性问题在于非政府媒介缺乏可信度，尤其在互联网新闻门户的新闻评论比较严重，这对网络新闻评论平台多元化的发展极为不利。而这一问题的一个内在原因在于，互联网门户媒介的网络新闻评论在追求高流量的同时，忽略了应该承担的社会责任。这就需要充分发挥行业自身从业人员行业道德的作用，建立协同多中心治理体系，提升行业社会责任观念。

首先，在行业自我规范方面，非官媒党媒的网络新闻评论平台应建立“自我管理、自我约束、互相监督、共同发展”的自律机制，例如，提供网络新闻评论的互联网公司，可以联合拟定服务倡议书，倡导“遵纪、诚实、专业、规范”的行业自律准则。

最后，网络新闻评论行业自律还包括建立平台管理人员的责任倒追机制，提高网络新闻评论平台管理人员在政治和业务方面的综合素质，建立和完善网络新闻评论的自我管理制度，从而与政府的监管形成良性合作。

其次，国家互联网信息办公室应该加强对互联网公司在社会责任方面的宣传和教育，做到内外结合。政府部门可以通过借鉴国际先进行业标准，根据我国网络新闻评论具体的发展情况制定行业社会责任指标体系，同时委托专业机构开展评估，并定期公布网络新闻媒介社会责任报告，将该报告与网络新闻采编权的下放相结合，对于不符合要求的网络新闻门户进行权利的回收。例如，我国部分网络新闻评论在对新闻事件进行解析时往往存在故意夸大事实的情况，或者将低级趣味的内容作为人性需求进行推广，这些现象在部分网络新闻评论中时常发生，政府及平台自身可以针对这种游走于社会责任与法律边界的情况，利用第三方评估报告进行约束，政府可以根据具体情况实施收回新闻采编权等措施，直至取消相关资格，提高网络新闻评论的质量。

（六）完善网络新闻评论法律制度建设

法律是政府进行规范的最后屏障，在法律方面，目前，我国专门针对网络新闻评论的法律法规尚属空白，我国对于网络新闻评论的管理办法主要是依托于2005年9月25日开始实施的《互联网信息服务管理规定》的基础上，于2017年5月2日新公布的《互联网新闻信息服务管理规定》，该规定于2017年6月1日开始实施。新的规定强调了组织和个人在通过新媒体方式提供新闻信息服务时，存在散布传播谣言、虚构新闻信息、煽动公众情绪等情况的处罚办法。

该办法的实施会在一定程度上规范网络新闻评论的内容，但是由于我国在网络新闻评论方面的立法尚处在起步阶段，因此仍有许多不足之处，一方面，我国法律尚未对新闻网站发布的新闻信息及新闻评论内容必须属实制定明确的法律规定；另一方面，我国现行法律主要是针对法人及政府机构的网络新闻评论账号，尚未出台包含新媒体网络新闻评论的法律法规。这使得一部分网络平台在发布新闻信息或发布针对新闻事件的新闻评论时没有后顾之忧，其完全不用担心发布虚假信息和评论内容所必须承担的法律后果，这也就使得在诸多平台追求流量的今天，出现针对虚假新闻信息的网络新闻评论的出现。因此，我国应该加强对网络新闻评论内容真实性的相关立法工作，将发布虚假新闻信息与制造谣言进行划分，尽快完善对虚假网络新闻评论及煽动性网络新闻评论的处罚办法，建立梯次网络新闻评论法律规范，明确相关违法行为的量刑措施，根据具体情况对以上行为从重处理。

第四章　基于微信公众号的网络新闻评论实践探索

第一节　微信公众号新闻评论的言论内容

随着传媒业格局发生重大变化，观点和意见传播系统也发生重大调整和变革。微信公众号作为传播信息的新型渠道，已经具有了媒体属性。它不仅可以传播事实性信息，也可以传播意见性信息，评论类公众号即是以传播意见和观点为主。借助微信平台对现实问题进行点评渐渐成为媒体新的言论表达方法。

微信评论与传统新闻评论在内容的整体呈现上存在差异。一方面，微信评论需要适应新媒体的传播规律，打造适合微信平台的评论内容，适应微信受众特点。另一方面，它还要将新闻评论本身的特质延续其中。作为媒体的“灵魂”，在微信评论中同样应当看到对事实的追问和反思，不仅对新闻事件或社会现象发生的原因、结果和利弊进行阐述，提出措施和解决之道，赋予评论以建设性意义，还应传达出媒体的价值取向和态度意图，实现媒体环境监测、社会协调、影响社会现实的作用。

评论类微信公众号在议题选择、价值取向、论据组织及言论终极指向方面均呈现出自己的特点，下文将从四个方面进行论述。

一、评论类公众号的选题

评论类公众号在选题上较传统评论相比，有着更为广阔和开放的特点。它不回避敏感话题，敢于对棘手问题进行评论，针对性及现实感更强。在遵循新闻价值规律的前提下，选择那些重要的、显著的、有影响的议题，将那些关乎公众利益、受众普遍关心的公共话题、公共领域的事件作为评论对象。也就是说，新闻价值原则在微信评论选题中同样适用。本书把微信评论的议题详加分类，细化到具体的话题上，以便直观地看出微信评论在内容上的整体特征。

通过对团结湖参考和凤凰评论家两个公众号进行分析可以发现，二者在选题上既有共性特征，又各有所侧重。在社会生活领域，关乎公共利益的突发事件、公民权利等话题一直是选题的中心；在政治领域中，官员腐败和反腐成为评论重点，这与国家政治生活发展的主线索是一致的；经济领域中，受股市持续低迷与走跌的影响，股市话题成为讨论焦点；在国际评论方面，中日关系及国际反恐成为最大热点。下文将从这四个方面进行阐述。

（一）选题共同特征：关乎公众利益与诉求

社会公共领域与受众关系最为密切，它关涉着人们的生活现实问题。一些社会现象和社会问题，往往是受众关注的焦点，有一些还是困惑所在。因此，对这些问题进行评论就成为媒体的关注点，回应受众关切是“把关人”在实际操作中必定要考虑的因素。微信评论在这一点上并未缺席。

社会生活领域的新问题、新变化往往暗含着社会矛盾，公共事件就是社会矛盾爆发的反映。如果说新闻报道是在时效性、真实性统领下的报告事实，那么评论就成为分析事实、挖掘事实本质，指向事件背后价值的重要工具，它在新媒体时代的作用不言自明。

微信评论在公共领域里的意见传播中有着举足轻重的地位。第一，选择与受众关系最为紧密的生活现实问题。诸如养老、环境、留守儿童等话题在微信评论中屡见不鲜，它反映了公众号关注民生的评论理念。第二，从新闻事件中，尤其是突发公共事件中选题。对公共事件尤其是突发公共事件的关注更为明显地体现在微信评论的议题分布中，由此还进一步引申出了对公共治理问题的讨论。

微信评论在议题选择上已经呈现出开放和拓宽的趋势，成为评论类微信公众号的重要特质。

（二）批评性强，反腐和政府官员是焦点

时事政治关系到国家发展和长治久安，与人民群众生活息息相关，它既包括国家制度建设、方针政策出台，还包括外事交往和沟通合作。通过这类评论，受众对国家发展形势形成判断，借以影响自己的生活，这是媒体所担负的功能之一。

近年来，国家政治生活中最重要的话题莫过于反腐，尽管话题敏感，但并不妨碍媒体对它的关注热度，这在两个微信公众号中都得到了很好的体现，尤其是团结湖参考表现得更为明显。团结湖参考由北京青年报出品认证，带有都市报性质。非党报的传播优势是它不是党报的宣传工具，因而它的公众号中时事政治评论较多，共有 48 篇政治领域的评论文章。对该类议题中的评论对象再次细分统计，情况如下。

表 4-1　团结湖参考政治类议题分布统计表

单位：篇

	反腐	政府官员	其他	合计
数量	23	16	9	48
占比	47.92%	33.33%	18.75%	100%

在表 4-1 中，总计 48 篇文章属政治领域选题。其中，反腐话题 23 篇，占总量的 47.92%；政府官员话题 16 篇，占总量的 33.33%，其他话题 9 篇，占总量的 18.75%。由此可见，反腐话题以绝对数量上的优势拔得头筹，政府官员话题也占到了三分之一。其实，在多篇文章中腐败问题往往与官员行为并行论述，如果将二者结合，那么其数量便达到了 39 篇，占总量的 81.25%。

（三）问题指向明显，股灾和救市是重点

随着市场化经济的快速发展，经济领域的问题越来越受到人们的关注，经济领域中的诸多矛盾和问题也逐渐显现出来，受众急需获得理性解读和分析。另外，国家经济的稳定关系到政治秩序的稳定和人们的生活水平。因此，媒体有责任对经济领域中出现的难点和热点进行评议，以达到预测形势，引导社会的目的。

股市问题一直伴随着 2015 年经济领域的发展。从股市势头向好到后期股市低迷、走势下跌，以至于后来的谣言、阴谋论在股市的传播等，都是经济领域绕不开的话题。由股灾话题引申出来的就是救市问题，如何救市，如何应对股市中的各种传言，未来经济走势情况等，都成为评论选题的重点。对股票市场的评论主要涉及以下三个方面。

一是对股市走势进行预测的评论。这些评论对中国股市走势进行预测性评论，帮助受众认清股市形势，避免盲目乐观或悲观。例如，2015 年 7

月 12 日凤凰评论家推送评论《股市周五稳住了，然后呢?》指出，股市在前期已经形成了泡沫，随着股市持续下跌，在民众中间会形成恐慌情绪和恐慌性抛售。文章接下来探讨尽管股票市场暂时获得了稳定，但仍需对股市未来走向做好前期预测，从中不难看出公众号评论充分发挥着监测环境的功能。

二是对股市发展或暴跌的原因进行评论。股市暴跌具有复杂的原因，许多公众号从各个角度对原因进行了探讨。2015 年 5 月 4 日凤凰评论家推送评论《巴菲特为何看涨中国这只股票》，作者援引巴菲特的话，以回顾过去 40 年历史的方式，指出中国具有巨大的价值和未来的潜力，股票看涨是必然。2015 年 7 月 3 日凤凰评论家推送评论《做空股市别又扯什么阴谋论》，文章强调做空机制不是股市暴跌的原因，而是属于正常的市场调节方法，脱离市场的规律空谈阴谋，甚至往民粹的方向上引导，不仅无济于事，反而会扭曲人们对股市的判断。这些公众号推送的内容从不同角度分析了股市走跌的原因，都有助于在股市低迷的情形下帮助人们认清形势，做出正确的决策。

三是对救市措施及救市前景进行评论。在股市经济进入震荡之后，政府开始干预救市。针对国家的救市行为，各类媒体也借微信公众号发表了评论文章。2015 年 7 月 6 日凤凰评论家推送评论《救市该救谁》，经过举例论证得出结论“大中市值的蓝筹股组成的 300ETF 可能是个比较好的标的”。2015 年 7 月 9 日凤凰评论家推送评论《股灾当前，听听美国人的忠告》，指出只有在危机应对的“制度体系和处理方式”上做足功夫，并且“抛开那些意识形态的政治偏见”，才能避免社会不满情绪的激化。2015 年 8 月 26 日凤凰评论家推送评论《全球“股灾”或许也是中国新机遇》则传递了积极乐观的态度，认为这将减少市场改革的阻力，“加快结构步伐调整，走向可持续发展道路”。这样的意见表达传达出的是积极信号，正是评论发挥功能的重要手段。

问题指向明显是微信评论显现出的又一特质，明确的指向性使得观点表达有的放矢，针对性更强。也正是基于此特性，微信评论有助于帮助人们形成理智冷静的态度，评论类公众号利用微信这种传播途径传播意见，实现监督社会的责任。

二、内容所反映出的价值取向

与新闻报道一样，评论也有价值取向的问题。新闻报道的价值取向暗含在记者选择的事实和叙述语言的陈述上，而评论则是将价值选择和倾向一览无余地呈现在外面，一目了然。在现实的传播环境中，受众除了有接受事实性信息的需求外，还有接受意见性信息的需求，只有超越新闻事实本身的意见性信息才能在更大程度上满足受众需要。评论正是以其价值观和逻辑说服来影响受众的。

在已经进入移动传播时代的今天，移动终端成为受众新的阅读媒介。微信公众号中所包含的价值思想也随时准备进入受众的接受视域，给受众带来思考。公众号的这种影响作用既是明显的也是潜移默化的，它在形成受众对社会的新认识上有重要作用。

本节以团结湖参考和凤凰评论家为代表，综观二者可以发现，他们在追问真相、彰显法治、维护公众权利三个方面表现突出，已经呈现出多元化的价值取向。

（一）拷问事实，追求真相

微信评论同样针对社会生活中的热点难点或新闻事件进行评论，而这些评论对象并不一定是清晰可见的，利益的驱使会使一部分事实模糊掉它本来的面目。评论通过媒体监督的形式形成对事件真相的拷问，达到揭开迷雾，直指真相的目的。

2015 年 5 月 2 日，黑龙江哈尔滨铁路局管内庆安站候车室内，庆安县农民徐纯合与庆安火车站派出所民警发生冲突后，被民警开枪击倒当场身亡。5 月 3 日，枪案现场视频在网上曝光。随后十天，事情仍然扑朔迷离。5 月 13 日，团结湖参考对此发表评论《舆情飞了够久，庆安枪击案该有个说法》，直接叩问事件真相。文中对当地部门信息披露迟缓的做法谴责颇多，对铁路公安部门给出的官方通报也是指责有加，“语焉不详”“惜墨如金”“不深究细节”“更很少正面回应”。这就导致事实不明不白，真相不清不楚。

接着，文章分析认为这样的危机公关不但于事无补，反而“可能把当地政府也蒙在鼓里”。“但也有另一种可能，庆安政府明明知道真相，但由于利益攸关，也只好和铁路公安穿一条裤子”。

这里，文章将矛头直接指向当地铁路部门和政府，既有对当地官员不表态的批评，又有对真相的追踪。面对网络舆论的持续发酵，作者发问“舆论真的能倒逼真相吗?”而对无视舆论大力声讨，庆安官方“死活就不说”的态度，文章最后写道，“总之，拖着也不是个办法，不如索性竹筒倒豆子、把一切公之于众。真相是最好的解毒剂，也只有真相，才能让沸腾的舆论平息”。

新闻的真实是事实的真实。只有了解了事实本来的面目才能深入开展讨论。真相是人们进行价值判断的基础，微信评论已经昭示出它追问事实真相的价值取向了。

（二）法治意识，显著增强

随着依法治国理念的推进，法治意识逐渐在微信评论中显现出来，并被多次提到。意大利法学家切萨雷·贝卡利亚曾说，“法律的力量应当跟随着公民，就像影子跟随着身体”。强调法治成为公众号评论中的常态，主要表现为两点。

首先，对法治的缺失与无效直接表态，阐发论述。我国曾在很长一段时间里存在法治缺失现象，有法如无法，法律不能发挥实际效力。即便是在当下越来越倡导法律意识的今天，这种现象仍然严重。微信评论却将法治观念渗透其中，越来越明显地表现出来。

被错判的内蒙古呼格案在一段时间里引发了受众的极大关注。2014年12月15日内蒙古高级人民法院宣判呼格吉勒图无罪。随后，越来越多的同样蒙冤者到呼格父母家中寻求“成功之道”，借希望于用人情关系解决问题，而法律本身则被回避。

对此，2015年2月6日凤凰评论家推送评论《上访者为何信呼格父母不信法》。文章开篇便提出疑问，他们“为什么要信法?”。一方面，呼格吉勒图被洗清冤屈和诬枉，平反昭雪，正义的确“真实可感”；另一方面，从案发到呼格吉勒图被执行枪决仅仅用了62天，上诉却用了18年，并且是在记者汤计9年的坚持和5篇内参的推动下才得以解决，这“恰恰印证了法治曾经的长期失效”“非常规维权的力量”“让他们更加坚定，该另辟蹊径”。在上访者看来，18年才得以翻案的呼格案，并非法律在起作用。所以，“在不少时候，法并未带来正义”。接着，文章继续分析法律缺失与无效的表现，“司法不够独立，审判欠公正，公、检、法制衡不够，法律救济代价过高”，这就将社会现实中实际存在的问题揭露出来，由此生发出“民众对法治的评论，来源于现实，而非口号”的感叹。文章最后更加深刻地反思“呼格父母赢了，法治赢了吗?”，求助于呼格父母的上访者暗示了“仍有太多的人拒斥法律”，而案件刚刚平反，就有人用“取得良好的法律效果”和“司法勇于纠错”这样的句式歌功颂德。文章的一句话发人深省，“对正义的轻浮，以及缺乏深度反思的能力，总在提醒着法制建设的前路曲折”，我们应该做的是“法律文化和人心的建构”。法治的意义就这样凸显出来。

在时事政治类官员腐败选题中，公众号推出的文章同样发表了对法律缺失现象的意见。这些推送内容注重论证法律在规范政府官员行为和抑制腐败方面的效用。

例如，团结湖参考推送《学过很多法，依然做不成清官?》，指出“懂法和守法间还隔着一堵墙”，法律并没有在官员心中产生实际震慑。

“学法只是手段，不是最终目的”，终极目的是实现“自觉守法和护法”，否则便毫无意义。再如，针对山东平度纵火案宣判这一最新事实，团结湖参考推送评论《平度纵火案宣判，野蛮征拆到此为止》，指出一些“村官”公然“践踏农民利益”，“处于反腐和法治的视野之外”，他们俨然已经“成了超然于法律之上的主宰者，更是农村的毒瘤”。文章将野蛮拆迁的原因直接归于官员的蔑视法律，观点有力而又态度坚定。

上述评论文章都在很大程度上彰显出法律意识，他们的共同特质就是对法治缺失及其所引起的恶果表现出极大关注，展开具体而实在的点评，达到提醒匡正的目的。

其次，在问题的解决之道上，强调运用法治思维。强调用法治思维解决问题几乎成为所有评论的终极指向。社会生活总归需要一套被遵照的章程用来解决实际问题。道德标准要求人们自律，但自律需要个体具备强烈的自我意识，未必都能达到良好效果。而法律讲求制度的规定性、程序的公平合理，这就为问题的解决提供了切实可行的依托。在微信言论话语中，类似的阐述数不胜数。

例如，凤凰评论家推送评论《抢劫不立案，派出所不能犯迷糊》，针对被抢劫报案后派出所不立案的行为发表意见，认为这种行为同依法治国的理念背道而驰，格格不入，是严重的渎职行为。如果任其发展，那么“社会便回到了自裁自决的早期社会，什么法治、秩序甚至国家，都不复存在了”。又如，凤凰评论家推送评论《谁让民众证明“你妈是你妈”?》，强调要制定具体的制度程序，而不是靠行政权力随意规范公民生活；《对女司机除了开打，还有什么办法?》则强调发挥民警执法的力度而反对用以暴制暴的办法解决纠纷矛盾。它们都强调用法治思维进行行政体制改革，管理公共事务，解决实际问题。

综上所述，微信评论已经显示出贯彻法治的理念，彰显出对法律的敬畏之心。

（三）为民立言，争取公民权利

媒体作为社会公器，有责任为普通公民争取权利与尊严，微信公众号作为新媒体时代意见传播的话筒责无旁贷，并且它已经得到了体现。其实，上文提到依法治国时，已经暗含了对人的权利的维护。为民立言成为微信评论写作的一种追求，表现有三点。

第一，对生存权的维护。生存权关乎每个人的利益，媒体的社会责任决定了它应当及时表态和发声。凤凰评论家推送评论《别让户口“黑”了1300万公民权利》。单从标题来看，就已经把公民权利作为全文论述的中心。文章开篇就讲出了一个惊人的数字，“根据第六次人口普查，中国大约有1300万‘黑户’”。接着谈到户籍制度的弊端之一就是限制人口流动，“成了制约人力资源的因素”，又“因为医疗、养老、教育等政策与户口直接挂钩，最终直接影响了福利平权”。行文至此，文章开始分析国家法律对公民权利的保障，以及法律与政策之间的关系。在现代法治国家，权利和政策同时为维护公民权利而服务，但是两者之间的关系不能倒置。生存权与生俱来、不可剥夺，国家政策归根结底“是为了使权利得到更好实现”，借政策之名行剥夺之实不应是一个大国的作风。而对什么样的政策是好政策，文章最后写道“判断的标准就在于政策是否更好地促进了权利的实现”。全文处处渗透着对公民生存权利的肯定，维护国民尊严之情溢于言表。

第二，对安全权的关注。公共安全就是人的安全，这在今年有非常明显的体现。上海踩踏事故、“4·6”福建漳州古雷PX项目爆炸事件、东方之星沉船事故、“8·12”天津港危化品爆炸事件，以及年末的“12·20”深圳滑坡事故，每一起事件的背后都折射出社会管理的漏洞和缺陷，都是对公众安全的极大威胁。而作为社会公器的媒体对此始终关注。团结湖参考推送评论《习近平为什么要提公共安全精细化》，就习近平总书记对公共安全工作作出指示一事发表评论。文章就“如何推进公共安全工作精细化、信息化、法治化”提出了建议，强调要“构建权责清晰的管理机制”，另外，还要“以智能化优化流动社会管理”，最后还要改变家长式管理观念，实现政府、社会组织和社会团体的合作管理。这些都从正面印证了微信评论对公众安全权的重视，以及对人的生命的呵护。

第三，对知情权的保护。知情权表明公众拥有获取信息的自由与权利，它是受众维系自身与外界环境关系的前提。评论类公众号在争取受众知情权方面有很大作为。“8·12”天津港爆炸事件发生后，政府在危机处理方面的表现实在不佳，信息发布迟缓模糊，饱受公众诟病。团结湖参考推送评论《信息发布模棱两可，公众如何放心》，它一方面阐述了政府信息公开对于防止恐慌情绪的产生，打消公众疑忠的重要意义，另一方面论证了公众拥有从官方知悉信息的权利。后者强调的就是满足公众知情权。

以上三点都表明微信评论在为民立言、为公众争取权利上的价值观倾向，它已经成为公众号媒体赢得受众、提高公信力的有效手段。

三、言论内容中论据的特点

微信评论是一般意义上新闻评论的扩展和延伸，其本质属性仍然离不开评论的特质。除了意见性观点外，还存在着叙事性因素，论据就是其中之一。“它们是为作者表达自己的观点服务的。”“这意味着，新闻评论中的叙事性因素，其选择性更强一些，它们在作品中一定要‘有用’。”换句话说，论据并非孤立的存在，恰恰相反，它暗含着作者的主观因素，是渗透了作者观点倾向的文本。

微信评论在论据的安排上呈现出一些特征，既有举一反三、强化观点的事实论据，也有使错误观点相形见绌的对比性材料，另外还有作者将主观感受直接引入文中，现身说法，文章的倾向性由此显现出来。

首先，提供同类型新闻事件材料，用其他同类新闻事件作为新材料，这样既能支撑观点，同时在相似的案例中还能做出比较，提高论据与观点的相关度。

团结湖参考推送评论《苏荣的忏悔“升级换代”，谁会后来居上》，文章谈到政协原副主席苏荣自我忏悔时说“他的家是权钱交易所”，这种自我评论表明其家族腐败已经达到了登峰造极的程度，这种新奇的提法也让人们耳目一新。随后，文章又举了另外一个例子，几年前安徽的一个厅级贪官“含泪读了一封长达四页的悔过书”，但却被发现是抄袭的。另据媒体报道，反腐进行到现在，全国多位高官落马，不少官员都在法庭上表示过忏悔与自白。这样，文章就将同类型人物放到了相同主题之下，点面结合产生了更强大的说服力。正如作者所言，“悔过书这种文体其实就是一种从官场延伸到法庭的另类官话”。“谁会是苏荣的下一个?”文章最后的发问不禁给人们敲响了警钟。

将同类新闻事件同时放置在文中加以评述，既给人以数量上的震慑之感，形成积累效应，又容易在相似性新闻事实中提高类比及关联度，态度和意图就在这种相似性事实材料中一再得以彰显。

其次，在正反对比中渗透态度倾向。正反两种性质的事实材料能形成鲜明的对比，在明确的对比中，使人们一目了然，分清是非和对错。这两种性质的材料实质上就是一种材料对另一种材料的否定，从而直接传递出观点和意见。

例如，2015 年国家经济领域里最大的话题莫过于股市。在这轮股市挫折中，不少谣言、阴谋论充斥其中，给股民造成恐慌心理。对此，多个公众号都发表相关评论，角度丰富，不一而同。而凤凰评论家推送的评论《失去“看门狗”，资本市场终被蹂躏》则从媒体监督角度进行评论，并举例证明媒体监督的重要性。文章分析，新闻媒体被称为“看门狗”，意思是它们起着监测环境的作用。然而，主流财经媒体“被金钱驯服”导致其在民间“被妖魔化”，少了第三方的监督，市场终遭蹂躏。

这篇评论中列举了正、反两方面的例子。正面的例子是《第一财经日报》对汉能集团的长篇报道，报道中的质疑和解读让人们重新审视这家公司，使“汉能热”得以冷却；另外，财经媒体对酒企胜景山河内幕的披露和曝光导致该企业“上市日当天宣布暂停IPO”，“成为专业财经媒体监督市场”最有力的证明。文中还列举了一个反面例子，就是针对股市热持续攀升的现象，媒体“被一纸禁令扼住喉咙——不要提暴跌、不要煽情”，而股市中的种种问题却不能被指出。这就使文章据事论理，用正、反两方面的例子形成比较，证明了媒体监督资本市场的重要性。

最后，讲述亲身经历，拉近距离感，实现说服。由于微信评论依托手机媒介存在，所以必须考虑缩小与受众的距离感。因此，在内容上引用自己或身边人的亲身经历作为证据材料，可以在很大程度上赋予微信评论“接地气”的特质，让文章读起来不至于产生说教的距离感，它往往更加耐人寻味，引人入胜。提供自身经历的材料，实际上是将个人所见所闻和经验性因素输入文本中。利用这种现身说法拉近与受众的距离，利用真切体会增强亲近感，在事理结合中实现劝服效果。不过，这种个人经历有多大程度上的普遍性，利用情感实现诱导性说服是否能够实现有效论证，仍然值得商榷。它已超出了本书的讨论范围，不再论述。

四、言论的终极指向：评论的建设性意义

无论评论是针对时事政治发表看法，还是针对社会生活、公共事件进行判断，其最终都是为了获得一种理性认识和思想。微信评论不应当仅仅满足于提出问题、分析问题，更不应是逞口舌之快的地方，它的最终目的是让问题获得更好的解决。媒体对社会的作用便体现在这里。微信评论在内容上最终都指向解决问题的建设性意义。

因此，在这些推送内容中，其行文上的普遍特点就是会提出措施、办法或建议。正是通过这些宝贵意见，实现干预现实、影响社会的传播效果。

例如，养老话题与每个公民的生活紧密联系，任何关于养老的国家政策都能引起广泛讨论，它始终是近年来媒体评论的焦点，对养老问题的评论在各大媒体上屡见不鲜。团结湖参考推送评论《农民老去，何以相依》，针对农村养老的方式展开述评，认为“完善农村社会保障”“已经刻不容缓”。评论指出“公共服务保障”是农村养老的“最后一公里”，进而提出在“营造公共空间”“丰富精神生活”“改革基本养老制度”等方面下功夫。这样，文章就为农民养老难题建言献策，发挥了新闻评论关注社会现实的功能。

又如，每年的6月7日、8日是全国高考的日子，作为教育领域中的重要议题，它足以引起各路媒体的关注，教育改革、高考改革话题每每登上显著位置。对此，2022年6月11日百度推送评论《高考结束后，撕碎的书籍卷子如“六月飞雪”，如此“解压”不可取》，针对高考过后，学生们撕书、撕卷子的行为发表看法。这种行为看似是学生释放压力的减压方式，却也从侧面反映出教育的困境，他已经给学生带来太大的压力，已经背离了教育的本质。文章对高考改革如何深化的问题进行了分析，分别从制度层面和人才遴选机制两个方面提出建议。这篇评论的配图更有深意，是一张撕毁后的卷子和书本碎片满天飞的照片。如此一来，文章就没有单纯局限于指责教育失败的表面，而是在制度建设和实际操作上提出了更有针对性的解决方案。在高考前一天推出这篇评论在时间的把握上也恰到好处。

再如，环境问题是关系国计民生的大问题，如何实现保护环境尤为重要。2022年11月6日，第二十七届联合国气候变化大会在埃及沙姆沙伊赫召开。11月9日澎湃新闻推送《第27届联合国气候变化大会谈什么?》，文字指出上一届大会提出的问题还没有解决，指出气候变暖等环境问题。

由此可见，微信评论在对事物的认识上都没有简单的止步于判断是非对错，也不是止步于单纯的表达意见，而是进行了更为深入的探索，富有建设性的意见表达成为终极归属。评论的价值在这里得到最大程度的体现。

总而言之，微信评论内容在议题选择、价值取向、论据安排及最终旨归上呈现出不同以往的特点，它已经成为新媒体环境下意见表达系统中的重要一员。

第二节 微信公众号新闻评论的表现方式

在生活节奏越来越快的今天，受众的阅读习惯发生很大变化，他们不会青睐于那些长篇大论或死气沉沉、干巴说教的文章，那些精致点儿的、带些幽默色彩的推送内容更能引起他们的关注。只有那些能让受众点击的内容才有机会获得传播，实现传播效果。只有在行文上符合微信受众的接受习惯，在形式上让人耳目一新才能持续不断地保持受众关注度。微信评论在表现方式上已具有了独特性。

一、根植于网络话语体系的言论表达模式

微信评论在很大程度上不同于传统新闻评论。传统新闻评论通常站在官方立场，在官方话语体系内表达观点和立场，而微信评论则站在民间和公众立场上发声，带有鲜明的互联网基因，是符合自身传播规律的微信言论表达模式的。

如果对这种表达模式做出界定，那么可以描述为：处于网络话语生态环境中，具有网络语言特点，符合网络文化；既有理性基础上的批判，又有依托情感说服的情感化表达和形象说理，嬉笑怒骂皆成文章；充分利用“说”的力量，形成交流性表达和多种语言风格；利用网络空间的无限性，运用编辑手段整合集群优势，为讨论和争鸣留下余地。

（一）理性基础上蕴含批判色彩

新闻评论本身是说理的艺术。评论类微信公众号作为观点传播的平

台，在基本的态度与立场上仍需恪守客观和理性，这是毋庸置疑的，那些胡言乱语的言论或许能风靡一时，但终究不会长存。受众需要的仍然是那些能有独到分析与见解，能答疑释惑的言论。

但是，作为一种新的观点传播途径，微信公众号带有很强的互联网色彩，它突破了传统评论四平八稳的思考模式，在其思维深处已显现出批判和反思色彩。在言论逐渐开放的今天，在保持言论尺度和底线的情况下，评论也越来越将视角移向那些敏感话题，这在前文中已有论述。而在态度及立场上，批判意识和反思意识已经在其内容上有所呈现。

首先，坚守评论论证的理性本质，用客观的态度评论和表态是评论的必然，毫无理性分析的言论甚至占用大众传播渠道，打骂战必将遭到受众唾弃，这样的媒体不可能在受众心中形成公信力，久而久之定会造成受众的流失。在微信评论中，客观的分析仍然是必然。

今天的社会已经不再是一言堂，而是价值观多元、利益多元的社会。媒体言论空间的逐渐开放，使一些原本有争议或敏感的话题不再躲躲藏藏而成为显在的话题，不同主体所持的观点可能会不同，因此相互质疑相互争论就成为必然。而对于争论和质疑，最好的办法就是论证。论证是证明观点正确，使受众认同，达到说服效果的最有效办法。理性分析仍然是微信评论的根本。那些不讲道理的文章受众是不会接受的，也不能获得广泛传播。

其次，批判色彩浓厚。批判意识是媒体工作者一种不可或缺的素质，只有歌功颂德或者不痛不痒的言论注定不能实现媒体监督社会的责任。如果把言论的态度划分为正面赞扬、中性分析和批判反思三种形态，那么在理性客观基础上蕴含批判反思色彩则在这两个公众号中都有所反映，情况如下表所示：

表 4－2 团结湖参考、凤凰评论家立场态度统计表

单位：篇

	正面赞扬	中性分析	批判反思	合计
团结湖参考	12	46	42	100
凤凰评论家	4	55	54	113
数量	16	101	96	213

在所确定的研究样本中，总计 213 篇文章。其中正面赞扬为 16 篇，中性分析为 101 篇，批判反思为 96 篇。批判反思意识已经鲜明地体现在了微信评论中。

批判表达不回避敏感。敏感话题由于其评论对象的非同一般，或由于利益牵扯等容易引发很大的争议。传统媒体在这类问题上的表态往往谨慎并尽量庄重。但在公众号评论中，这一“潜规则”有所突破，在保证话语尺度不越界的情况下，对敏感问题的态度不再是沉默无声。

正因为此，批判反思意识使得评论更为深邃，在影响受众上更发人警醒。它不是止步于提出观点，论证观点，而是对问题更为深层的原因及本质进行分析。

除了对当下事件的反思外，公众号中的一些推送评论还对以前的新闻事件做出反思。这是时效性价值的衍生和延伸。对现状的反思能帮助人们立刻认识到改变与变革的迫切性，对历史的反思却使人们对照当下，放眼未来，避免走错误的老路。这种评论的作用不容小觑。

除了对社会现象、社会问题的反思之外，媒体对自身行为也做出反思，这是难能可贵的。随着反腐进程的不断推进，对官员腐败现象的报道越来越多，这其中不乏一些秉承客观原则的报道，但也出现了丑化贪官，爆料其私生活，并用不当言论加以讽刺的做法。我们需要用不偏不倚的公正之心评论他物，评论的价值正在于这种深刻的反思中。

（二）依托情感说服和情感化语言资源

新闻评论十分注重语言的运用，因为它直接影响到评论的效果，微信评论也是如此。除了理性分析外，评论类公众号在文章中还使用了一些情感化语言资源，将说服力诉诸情感的传达。这主要表现为下述两种情况。

第一，借助修辞和象征传达感情。尽管评论是说理性文体，但并不排斥使用一些修辞手法增强表现力。修辞作为一种传达情感的有力工具，使受众在信息接收后的理解上变得容易。修辞在微信评论中也被使用，比如运用比喻提高表达的形象性，鲜明地阐述出态度观点，运用设问反问等表达疑问或质疑性情感等。还有一些文章使用设问或反问表达质疑这种情感诉求，通过发问引起人们对这些问题的思考，在思考中提升认识。

第二，富有生活气息的平民化语言。平民化、生活化的语言给受众以心理上的接近感，明显畅快且通俗易懂，它不用华丽的辞藻便可将道理讲得明白，平易近人。这是将生活情感因素注入了微信评论中。正是由于使用了情感化语言资源，所以微信评论摆脱了枯燥之感，呈现出富有人情味、生动活泼的特质，这是吸引受众的有效方式之一。

二、多种语言风格大放异彩

微信评论多种多样的表现形式还包括多种语言风格大放异彩，既有平等交流模式下运用说话艺术进行的点评，又有犀利和幽默的两级语言风格。除此之外，随着数据新闻的发展，它在新闻评论中也开始被应用起来，用“图说”的形式传递意见和观点也适应了微信受众不喜欢读长文的阅读习惯。

（一）交流性表达，“说”出来的力量

交流性表达类似于人际传播时的当面交流，它使受众仿佛处在一个真

实的言论空间中，可以增强真切感、直观感和现场感，因此能拉近用户和信息传播者的距离，实现点对点精准推送。团结湖参考由北京青年报认证，它的评论风格就偏向于“说”出来，如同生活中的聊天。在这种语境下，评论的力量就蕴含在这种“说”的形式当中。

首先，给受众以平等之感。“说”就如同生活中的聊天，有一种“类交流”的语言特征，强制力、支配感得到消减，少了些教训之感，也不再是板起面孔的死气沉沉。评论人用第一人称或第二人称的写作模式，打破了与受众不见面的隔绝，让聊天说话变得真实可触。这种讲理方式是“说出来的”，而不是教育出来的。“说”是以平等的方式和受众交流。

其次，给受众以确定之感，这种蕴藏于聊天谈话氛围中的评论使微信受众处于一种暂时被“确定”的状态，仿佛谈话是针对自己一个人在进行。这就在无形中起到了一种暗示作用，即点评人将自身的观点和意见，感受和认识等传递给受众，让受众在“确定”感中消除隔膜，无形接受其观点。

这种表达方式往往个性鲜明，风格独特，平易近人、深入浅出，又能举一反三，讲得实在。在纵横开阖中，提出见解，解密分析。这使团结湖参考公众号在受众一方获得了良好的口碑。

（二）个性鲜明，犀利与幽默同在

微信评论处在网络言论生态中，自然是突破了端庄、平稳的表达方式，而采用了新的形式表达意见。网络语言的一大特色就是利用戏谑、调侃、段子、恶搞等形式表达意见。这样的特点也反映在评论类公众号中，虽然微信评论没有直接将这些形式搬至行文中，但更为开放、灵活和自由，并汲取了其中的话语尖锐和有趣成分，公众号评论在表达上也涂抹上犀利和幽默并存的特征。

言辞犀利的评论往往切中要害，一针见血。正是由于它的这种深入人心，往往给受众一种畅快之感，最大限度地提高了表达效率。当然，言辞犀利并非指极端的言论、侮辱甚至谩骂。而是指语言表达上的说服力、穿透力、直指人心、戳中要害。

而幽默是一种机智、巧妙的论述方式。在生动有趣、轻松明快的基调下表达意见，而不是用枯燥、抽象的概念说理。幽默的笔调是吸引受众的有力手段。其实，评论公众号所展现出的犀利和幽默特点不仅是语言上的特征，它还发挥着社会减压阀的作用。这种两级并存的语言风格兼具深刻警示和轻松娱乐的品质，既有醍醐灌顶之功，又有会心一笑之用，客观上起到了减压的功效。

（三）“图说”：“数据新闻”式点评

微信评论中有一种形式值得注意，就是“数据新闻”式文体在评论中的运用。数据新闻是当前新闻界一种新的报道形式。它主要是以数据、图表、动态图等呈现方式进行客观呈现。数据新闻在评论类公众号中的使用丰富并拓展了评论的样式，是一种新的发展趋势。

用图表的形式进行评论，样式新颖，能给受众以新鲜感。对于一些简单的问题，通过图表就能表达意见和态度。但是对于复杂的问题，数据评论需要在更大程度上论证和说服，提供更多有用信息。

三、利用编辑手段突出集群优势

在观点越来越多面的今天，对同一件事情的交流与争鸣也变得越来越重要。观点只有在讨论中才能越辩越明，提出意见的交往市场，正是基于这样一种实际考量。所以微信公众号在推送评论内容时也有意识地将意见不同的文章放到同一个空间内，这就为讨论预留了空间，使各种观点在辩论中激浊扬清。

（一）对立观点的争议表达

评论的动机应该是接近正确认识，而不是为“击败”对方而“获胜”。呈现对立观点并非挑起事端，制造卖点。而是为了造成一种比较效果，通过说理的透彻，通过相互比较让受众获得理性认知。因此后台编辑便要预计不同观点的文章能在多大程度上获得争论可能，对争议性的大小做出判断。这种有争议性的讨论才能让微信公众号富有生气，从而吸引受众。

在《一个市长的非正常死亡，会成谜吗》中，作者认为“一市之长，死于任上，那就绝非私事”，民间难免会有传言。无论是出于告慰死者还是回应民众关切的原因，都应该公开调查结果，“秘而不宣”“掩饰或沉默”，只会让官方与民间产生更大的分裂。这样一来，“在民众没有足够信息源的情况下，公众用自己的方式解读”，腐败就成为一种默认值。很显然，作者在这里就是把肖文荪死亡事件认定为了“非正常”，并且认为官方应该给出说法。

相比之下，《17 天 7 位官员非正常死亡，反常吗》则没有持这种观点。首先，文章认为自杀、意外等非正常死亡属人间常事，只不过“出现在官员身上时，更容易被媒体和公众关注罢了”；另外，每有类似事件，舆论就会有各种“贪腐”猜测，但这并无多少可信性；此外，根据数据分析，17 天死亡 7 人的“发生概率也没有想象的那么夸张。与上一篇文章相比，这篇文章的关注点并不在“为什么死亡”上，也不在于对官方做法的批评。正如文章最后所说的，“‘公众对官员非正常死亡为何如此关切’反而更值得研究。

这两篇文章在评述的角度上存在差异，在认识事物的思维方式上也有明显不同。由此形成的对立观点就为受众留下了思考空间。这种有争议性的交流和表达在微信评论中还有很多。

（二）旧新闻周末集纳再评

同时集纳多个新闻是利用新闻之间的内在联系，形成集群优势和强势效果。如果说对立观点的直接交锋更带有辩论的色彩，那么呈现多面观点则是为了让受众在认识事物时更加全面、立体，形成多方位认识。在这里，稿件配置是为了挖掘内容上的相互关系，利用其内在关联性使之统归到相似主题下。

旧新闻周末盘点就利用了这种内在一致性。它针对前一周的热点进行再评论，将观点集中，运用评论这种形式强化事件在人们心中的地位，借以引发思考。一方面，它是新闻价值的再延伸，由于它是对上一周的热点话题进行二次评论，所以把新闻的时效性因素拉长；另一方面，它选择的再评对象是从上周所有的新闻事件中进行选择，代表了媒体认为的最重要的东西，由他们再次进行强化。这就在实践层面上又一次验证了“把关人”理论。

“周末侃”就是这种评论样式，它是团结湖参考公众号的一个子栏目，每周日推送，由主笔张静雯对一周内的热点事件进行评论，数量一般为三至四个。这种评论样式类似于新闻回顾、旧闻新评，实际上是在一个主题的统领下，利用多个事件强化意见和态度。

（三）化零为整，系列专题

一些重大新闻事件往往反映出许多问题，单从一个角度进行分析并不能将事物分析清楚。微信系列评论在对评论对象进行全方位解析时发挥了作用，它采用化零为整的组合方式，把评论文章整合在一个主题下，用专题形式集中评论，形成强势效应，从而深化对问题的认识。

微信评论利用系列评论实现化零为整的传播效果，在观点与观点之间形成相互配合和呼应，增强了微信评论的表现力。

综上所述，微信评论在表现方式上尽可能适应公众号传播的特点，适应微信受众的阅读习惯，形成了一套具有自身特点的表现方法。

第三节　微信公众号新闻评论的现实困境

在新媒体时代，评论类微信公众号之所以快速发展，并在内容和表现方式上呈现出一些特质，是有深厚原因的。第一，它继承成了传统评论的优良传统，是媒体自身发展的要求；第二，是社会环境的变化使然；第三，它还与受众本身有直接关系。正是由于这三方面的原因，才使得评论类微信公众号成为言论话语系统中的一部分。但是，微信评论仍然存在一些问题，下文将展开分析。

一、囿于国内，缺乏国际视野

如今，互联网的快速发展使世界各地联系更为紧密，中国正在和世界发生各种各样的联系。新闻报道和评论也应积极响应这种大潮流，避免囿于国内狭小圈子。但是，一些微信评论在坦陈政事，发表意见方面，仍然只将关注点局限在本国，而缺乏放眼全球的国际视野。在地球村已经成为现实的今天，这将阻碍新闻评论的发展。只有那些站位更高、视野更宽广的言论才更能显示出新闻评论的意义和价值。

以团结湖参考为代表，它仍然将评论焦点放在国内，而对国外问题关注较少。在言论表达上，也局限于国内分析和阐释问题的思路和角度，而缺少国际性前瞻视野。这使得团结湖参考的新闻评论整体上缺乏开放性，受众也难以见到对国际性问题的评论，思考视角也只在国内范围。在新闻业全球发展的今天，这将有碍于评论的长远发展。

二、通俗性差，篇幅较长

由于新闻评论写作较为专业，因此一些媒体通常聘请某领域的专家撰写。但他们通常不从新闻传播规律角度考虑信息接收效果，从而导致部分文章艰涩难懂，影响了受众认知。

第一，通俗性欠缺。以凤凰评论家为代表，在言论表达上较多地使用了专业用语，给受众造成阅读障碍。第二，篇幅较长。一些推送文章过于冗长烦琐，使受众难以耐心阅读完。

三、有说教之嫌，得不到共鸣

微信评论处在互联网环境交流语境下，更加强调彼此身份和意见交流的平等性。传统评论中一些居高临下的说教之文已经少见，但仍旧有一些评论文章带有训诫色彩，忽视了平等交流和表达的重要性。

过去，传播学中的“魔弹论”证实媒体把受众当作应声而倒的靶子，说明在那种信息传播接收方式中是“你说我听”的模式。这种接收模式反映在媒体中就是过去媒体上那种歌功颂德式的、教育说教式评论。这种文章容易让受众产生逆反心理，情感上的差距使得受众对这一类文章产生排斥力。当受众连看都不想看的时候，传播效果就无从谈起，当前的微信评论中存在类似文章。

媒体的发展一定是与社会的发展同步的。当社会环境出现了变化，媒体必然要随之做出改变，微信评论只有适应这些社会变化才能紧跟时代步伐。一如既往地说教和训导的表达方式消解了互联网语境下的平等沟通，这是一些新闻评论类微信公众号中仍然存在的问题。

四、缺少互联网思维，与受众黏性不够

新媒体时代，“互联网+”思维的重要性越来越凸显出来。微信平台即是传统新闻业与互联网思维融合的结果。新闻评论类微信公众号借微信渠道表达意见和观点自然应当运用互联网思维，加强与受众的联系。但是它在当前的微信评论中尚且缺乏，黏性不够。

缺少与受众的交互式沟通是最明显的问题所在。当下的微信评论仍然沿用传统的思维方式，以团结湖参考和凤凰评论家为例，它们仍然是每天推送评论内容，但很少有与受众的互动，受众的自主参与较少，也鲜有看到受众对新闻事件发表的意见和观点。这种仍然是单方传播的传播方式，如果长久发展，将造成受众方表达权利的丧失，容易造成受众流失。新闻评论类微信公众号在加强与受众联系，增强黏性方面仍然有待加强和改进。

第四节　微信公众号新闻评论的发展策略

技术变革改变了受众的阅读习惯，传统获取信息的方式，例如读报、收看电视等逐渐不能适应现代人快节奏的生活。手机移动终端以其方便、快捷、随时随地等特点获得受众青睐。当受众期待接收一些意见性表达的观点时，第一选择往往不再是翻报纸、听收音机，或者看电视，而是随手拿起手机寻找自己想看的信息。微信平台为这种便利提供了条件，评论类公众号正是利用了受众的这种接收信息的习惯迅猛发展起来。媒体应当充分利用这种表达渠道，提升吸引受众的能力。因此，针对上述新闻评论类微信公众号中存在的问题，本节探索一些解决策略。

一、增加外事评论，拓展国际视野

在全球新闻业大发展，国际联系日益紧密的今天，新闻评论也应逐渐关注其他国家有新闻价值的事件或问题，针对有评论价值的信息阐述观点和见解，在重大问题上发声表态。对此，可以尝试从以下两个方面进行改进。

第一，增加外事评论。对于国际性重大新闻事件，微信评论要敢于表态、表达观点和立场。微信评论在针对国际性新闻事件的评论上已经取得了进步，例如凤凰评论家，由于由香港凤凰网认证，受香港政治体制的影响，凤凰评论家在一些国际问题上敢于表达自己的见解。因此，加大对重大的、有新闻价值的国际问题和事件发表言论的力度，才能增加微信公众号阅读量，逐步提升影响力。

第二，拓展国际视野，关注国外媒体评论。中外新闻理念存在差异，在对同一个问题的评论上往往不尽相同。在国际交往日益增多，国家交流合作增多的今天，媒体的国际视野也在不断开拓，了解外媒对中国问题如何评论也越来越被受众所期待。集纳外媒观点主要是将外媒对近期热点事件的评论进行汇总，整合到一个空间中。通常情况下，国内媒体已经对这些话题发表了评论，外媒对这些问题发表的意见就可以同我国媒体的评论形成一个对比和参照。这样一来，评论的视角就变得立体了，也能呈现出多元化的局面，受众可以在多元观点中完善对评论对象的认识。

二、通俗性评点，强化差异性

微信公众号是媒体在微信平台上的延伸。作为媒体，它们在言论表达上仍旧需要依照新闻规律经营微信平台。新闻评论是供一般受众群体阅读的，因此仍然要遵循评论的本质要求；另外应尽量使用简洁性语言，通俗易懂的分析，增强个性化表现。

第一，遵循评论规律，通俗性点评避免过于专业新闻评论作为一种说理性文体，无论是报纸评论、广播评论、电视评论，还是现在的微信评论，它们都是评论的多样产品，只是刊载介质不同，但都不能摒弃评论的实质。正如评论员曹林所说的，“我觉得我们需要跳出这个‘一切都在变化，所以评论需要变化’的话题陷阱……这个社会总得有一些东西是不能变的，也是不应该变的”。

新闻评论针对当下，不管评的问题是什么，也不管评的方式是什么，评论终究是要实现意见的传播，并且是有效传播。由于微信公众号传播是一种大众传播模式，所以，在内容上它符合社会基本价值，在表达上则要求理性，而在呈现方式上则尽量贴合微信受众的特点。用通俗的话来说，“摆事实，讲道理”是微信评论必须坚守的原则。

在实际操作中，选择评论对象同样需要遵循新闻价值，即选择那些重要的、显著的问题作为评论话题，对于事件性新闻的评论，则重视时效性。这个时效性不仅包括在第一时间发出自己的声音，还包括在重要时间节点上的回顾性评论。

如果从评论的功能上来看，微信评论也必须坚守评论的本质。新闻报道大多是一些微观的、零散的报道。而新闻评论通过对这些事实的分析，经过提炼和升华，形成整合，挖掘其普遍意义，从更高的层面上认识事物。这对解答受众疑惑，对受众关心却又莫衷一是的问题就可以做出明确的解答，帮助受众更好地认识现实。另外，当受众通过手机获取各式各样的海量信息时，其中不乏充斥着一些非理性的、价值观错误的信息，这容易形成对受众的误导。因此，社会总是需要理性声音，评论应该扮演好这个理性发声的角色。在互联网阅读快速发展的今天，评论仍然仍需发挥功能和作用。

第二，定位鲜明，避免同质化，走向个性化，评论类公众号在未来将走向个性化方向，要体现出各自特点，以鲜明个性定位。

微信评论直接针对读者进行推送，因此在认识上对正确性就有了更高的要求。个性化点评往往视角独特，意义深远，给人以极大启发。微信评论是针对目标受众人群特点进行精准化推送的，所以评论文章必然更加讲求富有个性。因此，评论类微信公众号在内容和形式上也需要求新求变，以多样性区别于其他公众号，展现与众不同，用异于他人的鲜明个性取胜。微信评论在个性化上的差异是媒体公平竞争，赢得受众读者的必然，也是长久保持关注度的手段。

三、构建平等理性发声场

进入 21 世纪以来，我国传媒业所在的社会环境发生了巨大变迁，我国民众的社会心理发生了很大变化。受众的主体意识逐渐觉醒，正从传统的集体心理向个性化心理转变，有了更大的主动性和自我判断标准。受众更加关注那些敏感的、与自身利益直接相关的问题。另外，由于社会矛盾的增多，公众对于社会公平、公正的期望也与日俱增，对官员腐败、法治缺失、道德沦丧等社会现实展现出更强烈的关注。因此，媒体必须回应这些热点难点。只有当媒体对社会现实的评论和当下的社会心理产生共鸣时，才能产生良好的传播效果。

所以，微信评论顺应社会心理变化的新趋势，在内容和表达上都呈现出不一样的特质。只有构建起平等理性的发声场才能获得长久发展。

第一，秉持包容及开放的言论表达心态。评论作为意见表达的文体，应该强调包容和开放。观点和意见作为一种主观性表达，本身就不可避免地存在差异，即所谓仁者见仁智者见智，这在越来越多元化的今天就更加常见了。因此，强调包容和开放无论是对维护良好的讨论秩序，还是形成理性认知都意义重大。

微信评论要怀有包容之心，允许不同观点、异己之声。只有允许不同观点之间讨论、争议和交流，才能让正确和错误各自明了；只有在激辩中才能涤清真理。新媒体时代的受众更加不喜欢千篇一律的“样板戏”文章，微信评论要包容各种内容及形式才能获得长足发展，从而生机勃勃。

微信评论还要有开放的眼光。互联网将人类社会变成了地球村，手机移动终端也使人与人之间的关系更加紧密，新闻评论也应拓宽视野，具有前瞻性眼光。在对一些重大问题上敢于发表意见，在对问题的认识上也要站在更大范围内，以更高的眼界进行思考，高屋建瓴，避免短视。

第二，充分利用逐渐放宽的言论环境。公众号评论无论在选题、意见态度还是表达上，其言论尺度都较以往开放，这得益于政治民主化的推进，言论环境的逐渐开放。以往评论在许多方面都受到限制，一些已经写好的文章甚至也不能发表。如今，一些以前不允许评论的话题、敏感的话题或公开传播的言论也慢慢出现在了人们的视野中。公众号评论就直接得益于这种开放的讨论空间。

言论环境逐渐开放对微信评论的发展至关重要。对于那些歌功颂德式的评论，任何言论环境下都可以传播，但对于犀利、敏感的话题则不然。在言论环境不够开放的环境下，这类表达无法得到传播机会，甚至会因为一篇文章的传播而受到处分。当观点都一样时，自然没有了可以讨论的前提，自然也就谈不上观点的争鸣和交锋。相对开放、平等的言论环境扩大了言论尺度，才得以使公众号的文章推送成为可能，尤其是对政治领域的评论更是如此，腐败话题、官员作为话题都得益于这个大环境。

四、发挥微信监督功能，增强与受众的黏性

在“互联网+”时代，增强与受众的黏性已经成为微信公众号留住受众必须考虑的因素。微信公众号作为媒体也应发挥媒体功能，维护公共利益，由此增强与受众的黏性。

美国传播学者拉斯韦尔曾提出传媒的职能理论。媒体具有对环境进行监测的职能，从而使社会各部分为适应环境而建立相互关系。对于外界变动，媒体有责任向公众进行报告，这种报告从狭义上来说，是指客观的消息、通信等，而从广义上来看，它也包括新闻评论这种意见表达式文体。因为从根本意义上讲，它也是帮助人们认识世界的工具，并且这种解读的思想性更加深刻。

媒体有监督社会的责任，作为“船头的瞭望者”，是媒体将社会图景呈现在受众面前，受众依照媒体建构起的图景认识世界，调节行动。监测社会，既有报告事实的要求，更有解释现实的需要。现实社会中各种问题和矛盾纷繁复杂，作为受众的普通读者未必能对这个社会有明确清晰的认知，这就更需要媒体发挥起作用，为受众做出解释。评论通过对评论对象做出是非判断、分析利弊，阐述原因，提出建设性措施，对受众形成影响，通过广泛传播最终实现干预现实。

评论类微信公众号作为媒体也要有自己的立场，评论作为一种直截了当的发言方式，能鲜明表示自己的立场。只有那些敢于发声、敢于在重大

问题、敏感问题上表达自己看法的媒体才能赢得受众信任，提升公信力。只有第一时间发声，才能赢得传播主动权。评论也是一种监督手段。

微信公众号评论也是利用大众传播渠道发表意见。作为一种媒体形式，它们也肩负着自身功能，这种功能在它们的评论理念中便可见一斑。正如团结湖参考的理念所言，不回避热点，亦不随波逐流。

五、继续关注公共领域，引领公平正义

微信评论在意见传播系统中已经扮演着重要的角色了。以团结湖参考、凤凰评论家为代表的评论类公众号已经为其他微信公众号做出了先例，无论是在业界、学界，还是在微信读者中都有广泛影响力和良好的口碑。也就是说，传统媒体、网络媒体都可以在微信平台上大展身手，阐发对时局、社会、事物的认识和态度。微信评论在今后相当长一段时期内还将继续快速发展。微信评论在未来仍然需要关注公共领域。

第一，强化维护公众权利意识和责任感。民主化进程的推进使得受众对公民权利的争取有了觉醒。在过去很长一段时间里，我国的公众缺少公民意识，不懂得维护自身权利，也缺少一定的法治意识。互联网社会的发展在一定程度上正在改变这种现状，尤其是微博、微信的崛起，任何新闻事件都会实现第一时间的传播，当这些事件与公众自身紧密联系时，维权的意识就显得尤为强烈。

上文已经阐述过，受众在安全权、知情权等权利上的维护更为突出，这些都是公民的基本权利。正是出于对这些权利的不断争取和保护，微信评论才必然要将视角对准这类话题，增加对这些问题的关注。只有把维护公民权利作为责任担当，强化维权意识，微信评论作为媒体的一员才能获得长久发展。

第二，强化公共议程设置，引领公平正义价值取向。微信公众号采用推送形式传播信息，这就强化了议程设置的功能。微信评论应该充分利用

这种推送优势，加大对公共议题的选择机会，肩负起公正的守望者的职责。

媒体通过选择议题和安排相关报道进行议程设置，达到引导受众思考相关问题的目的。换句话说，媒体公开传播的信息能够对受众形成直接影响或干扰，如果媒体在传播信息中存在价值观上的错误，必然造成误导受众的不良后果。因此，媒体应该加强公共议题设置，引导受众关注现实，关注国家和社会生活，在公共领域中寻求意见表达的出发点和落脚点，阐述观点和见解。

微信公众号作为直接的内容推送，更应该在议题设置上引起重视，谨慎选择；否则，如果长时间推送那些无关痛痒的说辞，一定会造成读者取消关注、受众流失的后果。微信评论在价值观取向上仍追求公正、善良、仁爱，所以在议题选择上要更加关注民生和公共利益，要敢于发声，不回避敏感。微信评论走向公共性是必然。

参考文献

［1］尼葛洛庞帝．胡泳译．数字化生存［M］．海南：海南出版社，1997.

［2］杨娟．网络与新媒体评论［M］．北京：北京大学出版社，2015.

［3］张月萍．微博客对网络新闻评论的影响［J］．新闻大学，2010（3）．

［4］郭庆光．传播学教程［M］．北京：中国人民大学出版社，2011.

［5］夏德元．电子媒介人的崛起——社会的媒介化及人与媒介关系的嬗变［M］．上海：复旦大学出版社，2011.

［6］申金霞．新媒体时代的公民新闻［M］．北京：中国广播电视出版社，2013.

［7］方兴东，胡泳．媒体变革的经济学与社会学——论博客与新媒体的逻辑［J］．现代传播，2003（6）．

［8］赵振宇．新闻评论通论［M］．北京：清华大学出版社，2014.

［9］罗家德．社会网分析讲义［M］．北京：社会科学文献出版社，2010.

［10］牛筠睿．网络新闻评论中不礼貌话语的回应策略研究——以

《人民日报》法人微博为例．［D］．哈尔滨：黑龙江大学，2022.

［11］李伊仝．面向网络热点新闻评论的观点对象抽取研究［D］．昆明：昆明理工大学，2022.

［12］李亚楠．红网“红辣椒评论”的话语分析［D］．湘潭：湘潭大学，2020.

［13］张呈雪．移动社交网络语境下新闻评论发展研究［D］．乌鲁木齐：新疆财经大学，2020.

［14］谌思宇．网络新闻评论的特点与创新——以天眼新闻《多彩新论》栏目为例［J］．媒体融合新观察，2023（1）.

［15］蔡骐．网络虚拟社区中的趣缘文化传播［J］．新闻与传播研究，2014（9）.

［16］余颖．网络传播中的草根新闻初探［D］．南昌：江西师范大学，2010.

［17］王元骧．文学原理［M］．杭州：浙江大学出版社，2018.

［18］胡文龙．中国新闻评论发展研究［M］．北京：中国人民大学出版社，2002.

［19］廖艳君．新闻评论［M］．北京：清华大学出版社，2010.

［20］马艺．中国新闻传播史论［M］．北京：新华出版社，2007.

［21］钱中文．体裁：审美特性规范与反规范［J］．文艺理论研究，1989（1）.

［22］李法宝．新闻评论发现与表现［M］．广州：中山大学出版社，2013.

［23］唐绪军，黄楚新，王丹．“智能＋”与全媒体：中国新媒体发展的新布局［J］．新闻与写作，2019（6）.

［24］丁法章．新闻评论教程［M］．上海：复旦大学出版社，2002.

［25］邢培仁．媒介舆论学［M］．北京：中国传媒大学出版社，2009.

［26］李姝．网易新闻跟帖的实证研究［D］．广州：暨南大学，2014.

［27］曹丹．从“新闻跟帖”看门户网站的公共性建构［J］．现代视听，2009（10）．

［28］张志安，彭璐．混合情感传播模式主流媒体短视频内容生产研究——以人民日报抖音号为例［J］．新闻与写作，2019（7）．

［29］胡智锋，邓秋实．弹幕：互联网时代文艺评论的价值延伸［J］．浙江传媒学院学报，2019（3）．

［30］王源，李芊芊．智能传播时代沉浸式媒介的审美体验转向［J］．中国电视，2020（1）．

［31］刘雪伟．网络新闻评论对传统新闻评论的突破与互动研究［D］．辽宁：辽宁大学，2011.

［32］谢峥嵘．红网红辣椒评论频道研究［D］．长沙：湖南大学，2012.

［33］谭芳．网络新闻评论研究［D］．武汉：武汉大学，2005.

［34］王彦．中国博客传播研究［D］．杭州：浙江大学，2007.

［35］商轶楠．移动短视频的社交功能探析［D］．北京：中央民族大学，2019.

［36］王传宝．新媒体时代新闻评论的传播生态［J］．军事记者，2010（7）．

［37］王怀春．从“替代性满足”看个体对大众传媒的精神性依赖［J］．三峡论坛（三峡文学理论版），2010（4）．

［38］李建秋．论新媒体传播传授主体及其关系的转变［J］．重庆邮电大学学报（社会科学版），2009（6）．

［39］殷俊等．媒介新闻评论学［M］．成都：四川大学出版社，2005.

［40］黄志雄，刘碧琦．英国互联网监管：模式、经验与启示［J］．

广西社会科学，2016（3）.

［41］傅海，张永峰．网络新闻评论的特性与原则［J］．新闻界，2014（17）.

［42］陈力丹．新闻理论十讲［M］．上海：复旦大学出版社，2013.

［43］涂光晋．时代之”声”——新时期中国新闻评论研究［M］．北京：中国人民大学出版社，2011.

［44］周建明．社会转型中的新闻评论与社会规范［J］．国际新闻界，2011（6）.

［45］廖声武．新媒体环境下的新闻评论传播［J］．国际新闻界，2011（9）.

［46］赵振宇．新闻评论离不开民主意识［J］．新闻与写作，2012（3）.

［47］曾建雄转型时期新闻评论功能的拓展与内容形式创新［J］．国际新闻界，2012（12）.

［48］计科宪．新闻评论者思想力刍议［J］．今传媒，2012（12）.

［49］赵振宇．关于新闻评论改革的几个问题［J］．现代传播，2013（4）.

［50］李舒．新闻评论“事实判断”失真的表现与应对［J］．中国记者，2013（4）.

［51］徐映珉．试谈幽默在微信写作中的运用［J］．新闻大学，2013（6）.

［52］方兴东，石现升，张笑容，张静微信传播机制与治理问题研究［J］．现代传播，2013（6）.

［53］杨娟．如何促进微信评论的良性发展［J］．新闻与写作，2015（4）.

［54］蔡方华．以“小而美”跻身新媒体红海——“团结湖参考”的转型之路［J］．新闻与写作，2015（7）.

［55］杨虹磊，杨优优．网络评论表达形式的创新研究［J］．新闻前哨，2021（12）．

［56］梅红．网络新闻评论（智媒体版）［M］．成都：西南交通大学出版社，2020.

［57］赵曙光．网络评论蓝皮书：中国网络评论发展报告（2020）［M］．北京：社会科学文献出版社，2021.

［58］吴坤．网络时代新闻评论发挥引领舆论作用的策略［J］．新闻世界，2022（6）．

［59］马驭．网络时代新媒体新闻评论的引领与创新［J］．视听界，2021（3）．

［60］潘俊楠．媒介融合背景下的网络新闻评论分析［J］．西部广播电视，2021（15）．